Ökonomien der Zukunft

Justus
Haucap

Macht, Markt und Wettbewerb: Was steuert die Datenökonomie?

NP
&I

Inhalt

Worum es geht

Daten sind das Öl des 21. Jahrhunderts, wird manchmal gesagt. Erstmalig soll Clive Humby, britischer Mathematiker und Entwickler der Kundenkarte der britischen Supermarktkette Tesco, diese Analogie vor mehr als zehn Jahren, nämlich 2006, gezogen haben.[1] Was aber ist damit genau gemeint? Warum erfreut sich dieser Vergleich einer so hohen Beliebtheit, dass er selbst von der deutschen Bundeskanzlerin Angela Merkel – wenn auch leicht abgewandelt – verwendet wurde?

Kern der Analogie sind zwei Beobachtungen: Erstens entwickeln sich Daten immer mehr zum wichtigsten Innovationstreiber unserer Wirtschaft und zu einem essenziellen Rohstoff, ohne den eine wettbewerbsfähige Produktion von Gütern und Dienstleistungen zumindest in manchen Branchen kaum mehr möglich ist. Ähnlich wie die Erfindung des

Automobils die Transport- und Mobilitätskosten im 20. Jahrhundert enorm reduziert und so einen erheblichen Strukturwandel in vielen Bereichen ausgelöst hat, so wird eine vergleichbare Wirkung nun von datengetriebenen Geschäftsmodellen im 21. Jahrhundert erwartet.

Zweitens ist der Vergleich von Öl und Daten als Schmierstoff der Wirtschaft vielleicht auch deshalb so beliebt, weil die sogenannten GAFAM-Unternehmen, also Google, Apple, Facebook, Amazon und Microsoft, heute die fünf wertvollsten Unternehmen der Welt sind und die großen Mineralölkonzerne in dieser Position abgelöst haben. Noch vor zehn Jahren sah die Top-5-Liste der Unternehmen mit der höchsten Börsenkapitalisierung so aus: ExxonMobil, PetroChina, Gazprom, PetroBras und ChinaMobile – mit Ausnahme von ChinaMobile alles Unternehmen aus der Öl- und Gasbranche.

Die naheliegende Erklärung für die hohe Marktkapitalisierung der GAFAM-Unternehmen ist die Erwartung der Märkte, dass diese Unternehmen sehr hohe Gewinnpotenziale haben. Solche Gewinnerwartungen könnten darauf beruhen, dass die Anleger davon ausgehen, dass diese Unternehmen erhebliche Macht über die Märkte besitzen, auf denen sie aktiv sind, oder diese Macht zumindest erreichen werden. Teilweise wird auch von einer dezidierten »Datenmacht« dieser Unternehmen gesprochen. Dahinter steht die Annahme, dass aus dem privilegierten Zugang zu Daten beziehungsweise dem Besitz bestimmter Daten Marktmacht erwachsen kann und dass diese Unternehmen durch ihren Datenschatz einen fast uneinholbaren Wettbewerbsvorteil besitzen, sofern nicht konkurrierende Anbieter Zugang zu denselben oder funktionsäquivalenten Daten bekommen können. Die

Gründer von Google (Larry Page und Sergey Brin), Amazon (Jeff Bezos) und Facebook (Marc Zuckerberg) wären somit die Rockefellers des 21. Jahrhunderts.

Gleichwohl unterscheiden sich Öl und Daten in ihrer Funktion für die wirtschaftliche Wertschöpfung auch erheblich. Während Öl eine erschöpfbare Ressource ist, die durch Nutzung verbraucht wird, sind Daten eben keine erschöpfbare Ressource, und sie werden auch ge- statt verbraucht. Die Flut an Daten ist schier unendlich, und die Nutzung von Daten durch einen Anwender schließt prinzipiell – anders als beim Öl – erst einmal nicht aus, dass auch andere die Daten nutzen. Diese Unterschiede sollten die Macht der Unternehmen im Falle von Daten automatisch begrenzen, anders als eben bei Ölreserven, die sich prinzipiell viel besser monopolisieren lassen als Daten.

Dennoch stellt sich die Frage, wie die Giganten der Internetökonomie mit ihren beziehungsweise unseren Daten umgehen sollen. Bundeskanzlerin Merkel hat im Mai 2018 auf dem Global Solutions Summit in Berlin in einer für sie untypisch drastischen Weise sogar davon gesprochen, dass das »zentrale Gerechtigkeitsproblem der Zukunft« darin bestehe, wie die Gewinne aus der Datenökonomie aufgeteilt würden.

Um beurteilen zu können, welche Regeln für die Datenökonomie gelten sollten, müssen wir auch verstehen, was mit den Daten überhaupt gemacht wird und gemacht werden kann. Es gibt eine Vielzahl spannender und innovativer Produkte, Produktionsprozesse und Geschäftsmodelle, die auf der intelligenten Analyse und Nutzung großer Datenmengen basieren, aber auch sehr unterschiedlich sind. Diese Geschäftsmodelle sollen im Folgenden kurz skizziert werden.

Der Einsatz von Daten in Produktionsprozessen

Dass die Auswertung großer Datenmengen für Produktions- und Logistikprozesse enorme Effizienzpotenziale bietet, ist eigentlich offensichtlich. Ein illustratives Beispiel ist der mit dem Schlagwort Landwirtschaft 4.0 verbundene technische Fortschritt. Durch die auf Quadratzentimeter genaue Auswertung von Daten über Beschaffenheit und Zustand von Böden und Saaten kann in Kombination mit immer präziseren Wetterdaten die Produktivität in der Landwirtschaft enorm gesteigert werden. Saaten können viel genauer ausgebracht werden, und vor allem können Düngemittel und Pflanzenschutzmittel viel sparsamer verwendet werden, was auch entsprechende Umweltvorteile mit sich bringt. Eine echte Win-win-Situation also: Umwelt und Landwirtschaft profitieren – angesichts der notwendigen Ernährung einer wachsenden Weltbevölkerung ist dieser datengetriebene technische Fortschritt geradezu ein Segen. Dass sich in diesem Kontext im agrochemischen Bereich Unternehmen wie Bayer mit großer Pflanzenschutzexpertise und Monsanto als Weltmarktführer im Bereich Saatgut und digitale Landwirtschaft zusammentun, ist im Übrigen gerade aus deutscher Perspektive zu begrüßen. Eine bessere Abstimmung bei der Entwicklung von Saatgutsorten einerseits und Pflanzenschutzmitteln andererseits bietet enorme Chancen. Treiber dieser Entwicklungen sind letztlich die besseren Möglichkeiten der Datenerhebung und Datenauswertung.

Im produzierenden Gewerbe und auch im Dienstleistungsbereich sind, je nach Branche, ganz ähnliche Effizienzsteigerungen möglich. Betriebsabläufe können durch die Auswertung großer Datenmengen besser kontrolliert, Fehler und Reibungsverluste erkannt und Prozesse optimiert werden. So sind beispielsweise bei sämtlichen Logistikprozessen enorme Effizienzvorteile möglich, indem Logistikketten durch Auswertung von Daten immer weiter optimiert werden. Staus sind besser prognostizierbar und alternative Fahrtrouten leichter ermittelbar, wie selbst der Laie dank Google Maps und anderen Navigationssystemen weiß. Aber auch die Zusammenstellung von Ladungen – das Logistik-Tetris sozusagen – und die Planung von Transportwegen und der Einsatz unterschiedlicher Transportmittel lassen sich mithilfe von Big Data Analytics optimieren. Bei diesen datenbasierten Optimierungen gibt es klare Größenvorteile: Je größer das Frachtvolumen ist, das optimiert werden kann, desto eher gibt es passende Puzzlestücke und desto effizienter ist das Ergebnis. Anders ausgedrückt bedarf es einer Mindestgröße von Logistikunternehmen oder aber unternehmensübergreifender

Kooperationen, um Effizienzpotenziale möglichst auszuschöpfen. Perspektivisch sind ähnliche Effizienzpotenziale auch für den Personenverkehr und somit den gesamten Mobilitätssektor denkbar, wenn Bedarfe erkannt und Beförderungskapazitäten besser und vor allem passgenauer genutzt werden. Neue datengestützte Angebote wie Carsharing, Ridesharing und Bikesharing unterstützen diesen Trend. Die zur Ausnutzung dieser Effizienzpotenziale erforderliche Koordination wird über Unternehmensgrenzen hinweg oft von sogenannten Plattformen übernommen, die sowohl im B2B-Bereich (Business-to-Business) als auch im B2C-Bereich (Business- to-Consumer) und im P2P-Bereich (Peer-to-Peer) zunehmend an Bedeutung gewinnen und charakteristisch für viele Teile der Datenökonomie sind.

Das Entstehen der Plattformökonomie

Sogenannte Plattformen, die in der ökonomischen Fachsprache etwas unpräzise auch als »mehrseitige Märkte« bezeichnet werden, haben durch die Digitalisierung enorm an Bedeutung gewonnen. Kern des Geschäfts einer Plattform ist es, zwei oder mehr Marktseiten zusammenzubringen, das heißt, die Dienstleistung von Plattformen besteht in einer Vermittlung von zwei (oder noch mehr) Nutzergruppen aneinander. Das Geschäftsmodell basiert also nicht darauf, selbst Dinge zu produzieren und dann zu verkaufen wie etwa im produzierenden Gewerbe. Es geht auch nicht darum, selbst Dienstleistungen zu erstellen und dann anzubieten wie etwa im Handwerk. Und das Geschäft besteht auch nicht darin, Dinge einzukaufen und wieder zu verkaufen wie im klassischen Handel. Vielmehr besteht die Dienstleistung der Plattformen in einer Vermittlungsleistung. So bringen etwa eBay oder Amazon Marketplace potenzielle Käufer und Verkäufer im Internet zusammen. Im Prinzip ist das nicht neu. Auch Betreiber von Malls, Einkaufs- und Outlet-Zentren oder Organisatoren von Messen und Märkten bringen Käufer und Verkäufer zusammen. Ebenso bringen Preisvergleichsplattformen wie Verivox und Check24 Anbieter und Nachfrager zusammen, sie fungieren als digitale Makler. HRS, Expedia und Booking bringen Reisende und Anbieter von Hotelzimmern zusammen wie ehemals die städtische Zimmervermittlung. Die modernen Fremdenzimmervermittlungen heißen Airbnb, Wimdu oder 9flats, die digitalen Mitfahrzentralen Uber und BlaBlaCar, die digitale Taxizentrale, die Fahrgäste an Fahrer vermittelt, MyTaxi oder taxi.eu. Die Kleinanzeigen in Tageszeitungen, egal ob für Jobs, Autos, Immobilien oder auch Lebens(abschnitts)partner, sind durch entsprechende Internetportale ebenso abgelöst worden wie die Schwarzen Bretter in den lokalen Supermärkten. Die Liste lässt sich beliebig verlängern. Auch wenn die Vermittlung von Anbietern und Nachfragern, von Suchenden und Gesuchten eigentlich gar kein neues Phänomen ist, so nehmen Plattformen in der digitalen Welt doch eine andere Dimension ein. Warum ist das so?

Zur Erklärung müssen wir etwas ausholen: Charakteristisch für Vermittlungsplattformen sind sogenannte Netzwerkeffekte, wobei Ökonomen zwischen direkten und indirekten Netzeffekten unterscheiden: Direkte Netzeffekte entstehen *direkt* dadurch, dass sich mehr andere Nutzer (derselben Art) einem Netz oder einem Dienst anschließen. Das klassische Beispiel für direkte Netzeffekte war immer das Telefonnetz. Je mehr »Teilnehmer« es gab, desto nützlicher ist ein Telefonanschluss auch für alle anderen. Ein neueres, wenngleich heute auch schon altes Beispiel ist die E-Mail. War E-Mail-Verkehr Anfang der 1990er Jahre noch etwas für Computerfreaks und Wissenschaftler, wurde der E-Mail-Dienst immer interessanter, je mehr andere auch per E-Mail zu erreichen waren. Kommunikationsplattformen und soziale Netzwerke wie Skype, Twitter, WhatsApp, Instagram, Snapchat und Facebook stiften jedem ganz direkt einen umso höheren Nutzen, je mehr andere Teilnehmer des jeweiligen Dienstes existieren.

Bei vielen digitalen Plattformen wie etwa Airbnb, eBay, HRS, Expedia oder auch Google spielen direkte Netzeffekte aber nur eine untergeordnete Rolle. Ein Nutzer von Google profitiert *direkt* nicht besonders davon, dass auch viele andere Google nutzen. Auch ein Reisender profitiert nicht direkt davon, dass auch andere Reisende HRS, Airbnb oder Uber nutzen. Jedoch profitieren die Nutzer *indirekt* voneinander. Was ist damit gemeint?

Als Marktplatz ist zum Beispiel eBay, ceteris paribus, umso attraktiver für einen Verkäufer, je mehr potenzielle Käufer eBay aufsuchen. Die Wahrscheinlichkeit, etwas zu verkaufen, steigt, je mehr Käufer sich bei eBay tummeln. Für einen Käufer wiederum ist es umso attraktiver, bei eBay nach einem Angebot zu suchen, je mehr Angebote es gibt. Somit werden umso mehr Käufer eBay nutzen, je mehr Verkäufer dort anbieten, und umgekehrt werden umso mehr Verkäufer sich dort tummeln, je mehr potenzielle Käufer dort sind. Die Käufer profitieren somit nur *indirekt* davon, dass es mehr andere Käufer gibt – eben weil dadurch mehr Verkäufer angelockt werden. Und auch Verkäufer profitieren nur *indirekt* von der Existenz anderer Verkäufer - weil dies eben die Attraktivität des Marktplatzes für Käufer erhöht.

Diese indirekten Netzeffekte sind charakteristisch für sehr viele Onlineplattformen. Der Nutzen der potenziellen Käufer bei Onlineplattformen wie eBay, Amazon Marketplace, MyHammer oder immobilienscout.de steigt, je mehr Anbieter es gibt, und der Nutzen der Anbieter steigt, je mehr potenzielle Kunden es gibt. Dies gilt auch für Google: Eine Suchmaschine ist für Nutzer umso attraktiver, je mehr Webseiten durchsucht und geordnet werden, und für Betreiber von Webseiten ist die Optimierung hin auf bestimmte Suchmaschinen umso attraktiver, je mehr Nutzer Suchanfragen über diese Suchmaschine starten. Dienste wie Uber und MyTaxi sind für Fahrgäste umso interessanter, je mehr Fahrer dort aktiv sind (und je kürzer auch die Wartezeiten werden). Für Fahrer wiederum sind die Apps umso attraktiver, je mehr Fahrgäste durch sie vermittelt werden. Indirekt profitieren also die Fahrer davon, wenn mehr andere Fahrer die App nutzen, weil genau das die Fahrgäste anzieht - und umgekehrt. Diese Logik der indirekten Netzeffekte ist charakteristisch für Plattformen.

Neben diesen Netzeffekten ist eine zweite Besonderheit, dass viele Plattformen ihre Dienste oftmals einer Marktseite unentgeltlich anbieten. Weder Google noch Facebook verlangen von ihren Nutzern eine Mitglieds- oder Nutzungsgebühr. Auch Vermittlungsplattformen wir HRS, MyTaxi, Uber, eBay oder Amazon berechnen keine Gebühren für die buchenden oder kaufenden Kunden. Andere Plattformen hingegen wie Airbnb, Expedia oder Dating-Plattformen erheben

Mitgliedschafts- oder Transaktionsgebühren, oftmals von beiden Marktseiten, also von Anbietern *und* Nachfragern. Wird auf die Entgelte auf einer Marktseite verzichtet, gibt es zwei Geschäftsmodelle (sowie Mischformen zwischen den beiden): (a) die Werbefinanzierung wie etwa bei Google und Facebook oder (b) das Erheben von Provisionen auf der anderen Marktseite, wie etwa Uber, HRS, Helpling, MyHammer und andere dies tun. Während die Vermittlung für eine Marktseite unentgeltlich ist (etwa die Reisenden), zahlt die andere Marktseite (etwa die Hotels). Zahlen müssen in der Regel die Teilnehmer auf der Marktseite, die relativ gesehen die schlechteren Ausweichmöglichkeiten hat. Im ersten Fall, der Werbefinanzierung, wird hingegen oft etwas verkürzt gesagt, die Nutzer würden mit ihren Daten »zahlen«. Anders als manchmal vermutet werden die Daten in der Regel jedoch nicht direkt an Dritte verkauft, sondern nur indirekt vermarktet, indem sie zur Platzierung der Werbung verwendet werden, sodass Nutzer möglichst solche Werbeanzeigen zu sehen bekommen, die sie auch interessieren können. Für die Werbung bekommen die Plattformen in der Regel nur dann etwas, wenn die Nutzer auch auf die Anzeigen klicken, da meistens (wenn auch nicht ausschließlich) mit dem Pay-per-Click-Modell abgerechnet wird, das heißt, Google, Facebook & Co. verdienen nur etwas an den Nutzern, wenn diese auch auf die Werbeanzeigen klicken. Da also die Daten der Nutzer von Google, Facebook, Twitter und anderen von diesen Diensten vor allem dazu benutzt werden, möglichst treffsicher Werbeanzeigen auszuspielen, zahlen die Nutzer auch nicht mit ihren Daten. Wenn überhaupt, zahlen sie mit der teilweisen Aufgabe ihrer Privatsphäre.

Der oftmals benutzte Vergleich des Zahlens mit Geld und des Zahlens mit Daten ist jedenfalls nicht stimmig. Zum einen dürfen Google und Facebook mit den Daten der Nutzer nicht tun, was sie wollen (anders als mit ihrem Geld). Die Unternehmen dürfen die Daten nur für Zwecke verwenden, denen der Nutzer zugestimmt hat. Und zum anderen sind die Daten der Nutzer nicht knapp. Jeder Nutzer kann jedem beliebig häufig erzählen, welche Musik er gern hört, wohin er gern reist, was er gern isst und so weiter, ohne dass er dadurch ärmer würde. Die Idee, dass Internetplattformen den Nutzern etwas dafür zahlen, dass diese ihnen ihre Vorlieben verraten, mag sich zwar gut anhören, ist aber letztlich nicht wirklich durchdacht. Denn Nutzer geben vor allem ihre Vorlieben preis. Ebenso ließe sich fordern, dass Reisebüros dafür zahlen, dass Kunden verraten, wohin sie gern verreisen, oder Restaurants dafür, dass die Gäste verraten, was sie gern essen. So wie Reisebüros und Restaurants diese Informationen indirekt zu Geld machen, indem sie das Passende anbieten, machen dies im Grunde auch Google und Facebook. Die Unternehmen versuchen, möglichst viel über ihre Nutzer zu erfahren, zum einen, um die passende Werbung auszuspielen, zum anderen, um einen Service anzubieten, der am ehesten den (vermuteten) Interessen der Nutzer entspricht.

Tabelle 1: Beispiele für Plattformmärkte im Internet

Plattform	Akteur 1 (B)	Akteur 2 (S)	Beispiele
Online-Medien	Rezipienten	Werbetreibende	YouTube, Huffington Post
Suchmaschine	Suchende	Werbetreibende	Google, Bing, Yelp, Foursquare
Zahlungssysteme	Zahlende	Zahlungsempfänger	PayPal, Paydirekt
Mitfahrzentralen	Fahrer	Mitfahrer	Uber, Lyft, BlaBlaCar
Reisevermittler	Reisende	Fluglinien, Hotels	Expedia, Opodo
Marktplätze	Käufer	Verkäufer	eBay, Amazon Marketplace
Essenslieferung	Hungrige	Restaurants	Lieferando, Deliveroo

Wie oben schon erwähnt, ist das Geschäftsmodell der Plattform keineswegs neu, und so ist auch das Prinzip der indirekten Netzeffekte schon alt. Es war schon immer charakteristisch für Marktplätze, Börsen, Messen und Einkaufszentren, aber auch Zimmervermittlungen, Mitfahrzentralen, Flohmärkte oder die früheren Stellenanzeigen sowie Immobilien- und Gebrauchtwageninserate in den Tageszeitungen. Fast alle der in der Tabelle genannten Plattformen haben Pendants in der analogen, stationären Welt. Von Presseerzeugnissen und Kartenzahlsystemen über Taxizentralen und Reisebüros hin zu Einkaufszentren und Malls gibt es für nahezu jede Internetplattform ein Gegenstück in der analogen Welt. Die durch die Konzentration auf einen Marktplatz oder eine Plattform mögliche Reduktion der sogenannten Suchkosten hat schon in der Vergangenheit dazu geführt, dass sich zum Beispiel viele Antiquitätengeschäfte, Gebrauchtwagenhändler oder Bekleidungsgeschäfte in unmittelbarer geografischer Nachbarschaft zueinander befinden. Wenn nun aber aufgrund der indirekten Netzeffekte alle dort suchen, vergleichen, buchen, kaufen, wo alle anderen auch suchen, vergleichen, buchen, kaufen, droht dann nicht unweigerlich eine Monopolisierung der entsprechenden Märkte? Wird es letztlich nur einen einzigen, monopolistischen Internetmarktplatz, eine Mitfahrzentrale, ein digitales Zahlungssystem, eine Suchmaschine und so weiter geben?

In der analogen Welt waren die Konzentrationstendenzen vor allem durch zwei Dinge begrenzt: Reisezeiten und Transportkosten einerseits und physische Kapazitätsgrenzen andererseits. Prinzipiell haben viele immer schon am liebsten dort gekauft, wo es das größte Angebot gab, und viele Händler dort verkauft, wo sich die meisten Käufer tummelten. Gleichwohl hat sich nicht die eine gigantische Supermall herausgebildet, weil Reisezeiten, Transportkosten und Kapazitätsgrenzen dem Wachstum von Einkaufszentren Grenzen setzen. Für Amazon etwa gilt dies jedoch nicht mehr. Im Internet spielen Reisezeiten und Transportkosten keine Rolle mehr – im Englischen plastisch bezeichnet als »Death of Distance« –, und Kapazitätsgrenzen kennt Amazon faktisch nicht. Es kann jederzeit ein weiteres Angebot, ein weiterer Anbieter mit aufgenommen werden. Wird also Amazon das Monopolkaufhaus der Welt?

Zum Glück hat das Internet zugleich dekonzentrative Wirkungen. War es nämlich in der Vergangenheit relativ aufwendig, einen zweiten, dritten und x-ten Shop aufzumachen, ist es heute ziemlich einfach, Angebote nicht nur bei Amazon, sondern auch bei eBay, auf der eigenen Webseite und auf weiteren Plattformen zu eröffnen. Dieses parallele Betreiben mehrerer Shops auf mehreren Plattformen nennen Ökonomen neudeutsch Multihoming. Zugleich kann auch der Käufer viel einfacher von einer Plattform zur nächsten springen, um dort die Angebote zu vergleichen. Der Wettbewerb ist oft nur einen Klick entfernt. Dasselbe gilt für viele andere Plattformen. Hotels werden regelmäßig bei vielen Plattformen gelistet, Taxen verwenden mehrere Apps (und konnten sich so aus der Abhängigkeit von oft monopolistischen Funkzentralen befreien). Wie so oft ist nicht eindeutig, wie stark die Konzentrationseffekte sein werden. Die Netzeffekte befördern die Konzentration und Machtballung, das Multihoming wirkt dem entgegen.

Durch direkte und indirekte Netzeffekte *können* somit durchaus starke Konzentrationstendenzen bei Internetplattformen ausgelöst werden. Allerdings sind nicht alle Plattformen gleichermaßen konzentriert. Gegenbeispiele sind Reisevermittler, elektronische Zahlungsdienste, Ferienhausvermittler oder viele Partnerbörsen im Internet. Das Vorliegen indirekter Netzeffekte ist also keineswegs hinreichend für eine Monopolisierung oder hohe Marktkonzentration.

Die Konkurrenz zwischen den mehrseitigen Plattformen und die Marktkonzentration wird jedoch nicht nur maßgeblich bestimmt durch (1) die Stärke der besagten Netzeffekte und (2) die Möglichkeit des sogenannten Multihoming und/oder Anbieterwechsels, sondern auch durch (3) das Ausmaß sinkender Durchschnittskosten, die typisch für Internetplattformen sind, (4) etwaige Überlastungsgefahren und (5) die Differenzierung der Plattformen. Je nach Ausprägung der fünf genannten Kriterien ergeben sich unterschiedliche Konzentrationstendenzen und Markteintrittsbarrieren. Pauschal lässt sich somit zwar nicht feststellen, dass im Internet besonders viele dauerhaft resistente Monopole anzutreffen wären und ein besonderer Regulierungsbedarf besteht. Doch zeigt sich gleichwohl, dass einzelne Plattformen wie beispielsweise Facebook und eBay auf manchen Märkten durchaus beträchtliche Marktmacht besitzen, die aufgrund erheblicher Markteintrittsbarrieren und starker direkter (Facebook) oder indirekter (eBay) Netzeffekte, oft in Verbindung mit der fehlenden oder zu umständlichen Möglichkeit zum Multihoming, auch nicht schnell erodieren wird. Wie so oft kommt es dann auf den Einzelfall an.

Die Einzelfälle: Google, Amazon & Co.

Google, Facebook und Amazon dürften vermutlich die drei Unternehmen sein, deren »Datenmacht« öffentlich am intensivsten diskutiert wird. Einige Menschen beschleicht ein sehr ungutes Gefühl in Bezug auf das, was Google, Facebook, Amazon und Co. alles über einen wissen mögen und was sie mit diesem Wissen anfangen. Die Frage, ob diese »Internetgiganten« nicht sogar »eine Gefahr für die Gesellschaft« darstellen, wie es das Feuilleton der *Frankfurter Allgemeinen Zeitung (FAZ)* im April 2014 ausgedrückt hat, bewegt seit mindestens fünf Jahren die Gemüter. Mathias Döpfner, der Vorstandsvorsitzende von Axel Springer SE, hat ebenfalls im Feuilleton der *FAZ* im April 2014 dargelegt, warum er »Angst vor Google« hat und wir als Bürgerinnen und Bürger es auch besser haben sollten. Es sei vor allem die Sorge »vor der wachsenden Fremdbestimmung durch diese eine allesbestimmende Spinne im Netz« und die »immer vollständigere Kontrolle durch Google«. Ein Problem sei zudem »die Fiktion von der Gratis-Kultur« im Internet. Döpfner forderte Google dazu auf, »Transparenz zu schaffen, nicht nur, indem es Suchergebnisse nach klaren quantitativen Kriterien listet, sondern auch, indem es alle Algorithmusänderungen offenlegt«. Döpfner legte Google schließlich nahe, nicht »zu warten, bis der erste ernstzunehmende Politiker die Zerschlagung Googles fordert«. Dieser erste ernstzunehmende deutsche Politiker war dann wohl der damalige Bundeswirtschaftsminister Sigmar Gabriel, der – ebenfalls im Feuilleton der *FAZ* – im Mai 2014 dafür plädierte, eine »neue Wirtschaftspolitik« zu betreiben, da »der Informationskapitalismus die gesamte marktwirtschaftliche Ordnung zur Disposition« stelle. Eine »neue Wirtschaftspolitik« solle verhindern, dass »in neufeudaler Selbstherrlichkeit auftretende Monopolisten sich rechtsstaatlichen Regeln entziehen« und »Gratisangebote ganze auf bezahlten Gütern fußende Märkte zerstören«. Konkret solle eine Entflechtung wie bei Strom- und Gasnetzen, zumindest als Ultima Ratio, ernsthaft erwogen werden. Die SPD-Vorsitzende Andrea Nahles hat Letzteres im August 2018 wiederholt.

Es ist politökonomisch betrachtet durchaus verständlich, dass deutsche Politiker deutschen Medienhäusern ihre Ängste vor Google und wohl auch der Konkurrenz aus dem Internet nehmen wollen und ihnen zur Seite springen möchten, zumal wenn es um so einflussreiche und meinungsbildende Medienhäuser wie den Axel-Springer-Konzern samt *BILD-Zeitung* sowie die *FAZ* geht. Sich gegen die Interessen der

Medienbranche zu stellen, ist in unserer Mediendemokratie für Politiker, die wiedergewählt werden wollen, keine besonders gute Idee.

Ein erstes Vorhaben zur Stützung der Medienbranche war bereits die ordnungspolitisch völlig fehlgeleitete Einführung eines sogenannten Leistungsschutzrechtes für Presseverlage im Jahr 2013. Nach dessen ursprünglicher Konzeption wollten zahlreiche deutsche Presseverlage von Google (und vielen anderen Internetplattformen und anfangs gar von sämtlichen gewerblichen Computernutzern) eine Einspeisevergütung für sämtliche von den Verlagen ins Internet hochgeladenen Artikel haben – angeblich, um so den Qualitätsjournalismus in Deutschland zu sichern. Dass aber gerade eine pauschale, auf einer Zwangsabgabe beruhende Vergütung für jedweden Presseinhalt, der ins Internet hochgeladen wird, förderlich für Qualitätsjournalismus sein soll (und nicht zu Massenproduktionen führt), ist eine wahrlich ziemlich verwegene Vorstellung jenseits jeglicher ökonomischer Rationalität. Abnahmegarantien mit Pauschalpreisen haben jedenfalls in anderen Branchen wie der Landwirtschaft nicht zu Qualitätsprodukten, sondern zur Massenproduktion minderer Qualität geführt.

Vielleicht ermuntert vom Erfolg der Presseverlage und Shopping-Portal-Betreiber, beklagten sich anschließend auch Buchhändler und Buchverlage über den Strukturwandel in ihrer Branche, der vor allem durch Amazon vorangetrieben und symbolisiert werde. Die *ZEIT* etwa schrieb im Juli 2014 über Amazon: »Der Internetversandhändler diktiert der Welt die Regeln, nach denen Bücher gelesen, geschrieben und publiziert werden.«

Wie berechtigt ist diese Angst vor den neuen Internetgiganten wirklich? Benötigen wir tatsächlich eine neue Wirtschaftspolitik?

Google

Richtig ist zweifelsohne, dass einige – aber nicht alle – Plattformmärkte im Internet starke Konzentrationstendenzen aufweisen. Es wäre naiv, die Augen davor zu verschließen. Wie schon dargelegt, fördern insbesondere starke Netzeffekte sowie hohe Wechselbarrieren für die Nutzer, die das Verharren auf einer einzigen Plattform attraktiv machen, und etwaige Kosten bei der Nutzung mehrerer Plattformen die Marktkonzentration. Sind hingegen die Wechselkosten für die Nutzer niedrig, die sozialen Netzeffekte relativ schwach und die parallele Nutzung verschiedener Plattformen einfach, dann spricht prima facie wenig für eine starke Marktkonzentration.

Googles Marktmacht resultiert nun gerade weniger aus Wechselkosten – es ist recht einfach für Verbraucher, die Suchmaschine zu wechseln –, und auch Netzeffekte sind für die Nutzer nicht so bedeutsam. Die starke Stellung Googles resultiert vielmehr aus der überlegenen Qualität der Dienste von Google sowie aus sehr spezifischen Größen- und Verbundvorteilen. So werden Googles Suchalgorithmus und damit Trefferlisten zum einen immer besser (das heißt den Nutzerwünschen entsprechend), gerade weil Google die meisten Suchanfragen hat und so die größten Lerneffekte erzielen kann. Zum anderen kann Google durch die Vielzahl seiner

Dienste und die Kombination der daraus gewonnenen Daten exaktere Nutzerprofile anlegen und so mehr und mehr für den Nutzer »maßgeschneiderte« Suchergebnisse liefern. Zukünftige Entwicklungen wie Google Glass (die Google-Brille) und Google Car (das Google-Auto) würden als weitere nutzerspezifische Datensammelmaschinen (aus Googles Sicht) diesen spezifischen Verbundvorteil noch ausbauen. Ab wann nun die Kosten der weiteren Datensammlung und -analyse den zusätzlichen Nutzen aus Googles Sicht überschreiten, ist theoretisch nicht zu klären und empirisch umstritten. Einige Fachleute argumentieren beispielsweise, dass Konkurrenten wie Bing, Yahoo oder auch Facebook heute schon über ähnliche Datenbestände verfügen, um prinzipiell sowohl ähnlich gute Suchergebnisse zu produzieren als auch Werbeanzeigen ähnlich treffsicher zu platzieren wie Google.

Gleichwohl kann davon ausgegangen werden, dass sowohl der hohe Anteil an Suchanfragen als auch der hohe Anteil im Markt für Onlinewerbung bei Google eine gewisse Marktmacht reflektieren, die ihren Kern in der von Google analysierten Datenmenge und der Kombination verschiedener Daten hat. Somit stellt sich durchaus die Frage nach regulatorischem oder wettbewerbspolitischem Handlungsbedarf.

Bei den kartellrechtlichen Verfahren gegen Google in Europa und den USA lag bisher das Augenmerk vor allem auf der Frage, ob Google die sogenannte Suchneutralität verletzt und Trefferlisten bewusst zum eigenen Vorteil gegen das eigentliche Interesse der suchenden Nutzer verzerrt (sogenannte Search Bias). Daneben ging und geht es in den diversen Wettbewerbsverfahren gegen Google um (künstliche) Wechselkosten bei Onlinewerbekampagnen, die unentgeltliche Nutzung einiger Inhalte von spezialisierten Suchmaschinen und Vergleichsportalen durch Google und mögliche Verdrängungsstrategien bei der Verbreitung des Smartphone-Betriebssystems Android.

Während die amerikanische Federal Trade Commission Google im Jahr 2013 einstimmig von dem Vorwurf des Search Bias freigesprochen hat, ist die Verletzung der Suchneutralität Kern des Wettbewerbsverfahrens in der EU. Im Juni 2017 hat die Europäische Kommission – nach einem fast siebenjährigem Verfahren – ein Rekordbußgeld von 2,42 Milliarden Euro gegen Google verhängt. Dies war die bis dahin mit Abstand höchste Geldbuße, die jemals gegen ein einziges Unternehmen wegen eines Kartellrechtsverstoßes verhängt wurde. Bis dahin waren Intel und Daimler Benz Rekordhalter, die wegen Kartellverstößen mit jeweils rund 1 Milliarde Euro Bußgeld belegt wurden.

Während einige Kommentatoren die Google-Shopping-Entscheidung der Europäischen Kommission dezidiert begrüßten und gleich auf die Stärke Europas verwiesen, dürfte es aber für die europäischen Verbraucher – langfristig betrachtet – ein schlechter Tag gewesen sein. Intuitiv mögen es zwar einige als richtig empfinden, die großen amerikanischen Internetkonzerne endlich einmal in die Schranken zu weisen. Gleichwohl sollte nicht einfach auf ein Unternehmen eingedroschen werden, weil es groß und erfolgreich ist. Der Missbrauch einer marktbeherrschenden Stellung sollte bei einer solchen Rekordbuße doch mit großer Sicherheit nachgewiesen werden, ebenso wie der Schaden für die Verbraucher. Genau hier hapert es aber bei der Entscheidung der Europäischen Kommission.

Sollte die Entscheidung der Kommission auch vor dem EuGH Bestand haben, werden große Unternehmen kaum noch Anreize für Innovationen haben, wenn im Erfolgsfall entweder andere Unternehmen als Trittbrettfahrer an den Erfolgen partizipieren dürfen oder aber der Innovator mit einem saftigen Bußgeld belegt wird.

Aber der Reihe nach: Worum geht es konkret in diesem Verfahren? Die Europäische Kommission ist der Auffassung, dass Google »seine marktbeherrschende Stellung als Suchmaschinenbetreiber missbraucht, indem es einem anderen Google-Produkt - seinem Preisvergleichsdienst - einen unrechtmäßigen Vorteil verschafft hat«. Genauer gesagt habe Google zum einen die Google-Shopping-Anzeigen zu prominent auf seiner Webseite platziert und zum anderen zugleich Preisvergleichsdienste strategisch nach hinten in die Trefferlisten verschoben, also abgewertet.

Mit Preisvergleichsdienst meint die Europäische Kommission Google Shopping, also die Anzeigen, die mit Bildern der gesuchten Produkte oben oder rechts eingeblendet werden, wenn man bei Google nach Produkten sucht. Weil diese Anzeigen bei Google deutlich sichtbarer sind als Preisvergleichsdienste wie idealo.de oder ladenzeile.de, würden Letztere im Wettbewerb unzulässig behindert.

Das hört sich doch alles ganz plausibel an, wo also sind die Probleme der Analyse? Warum soll das für Verbraucher ein schlechter Tag sein?

Weil die große Gefahr besteht, dass die Europäische Kommission mit ihrer Entscheidung nicht den Wettbewerb schützt, sondern geradezu behindert und zudem Innovationsanreize deutlich schmälert.

Um diese für manche sicher überraschende Aussage zu erklären: In ihrer Entscheidung ignoriert die Kommission erstens sowohl die Rolle von Marktplätzen wie Amazon Marketplace und eBay als auch die von Internethändlern wie Zalando oder Mister Spex. Die Europäische Kommission geht nämlich davon aus, dass es einen separaten Markt für Preisvergleichsdienste gibt, zu dem Amazon, eBay und Zalando nicht zählen. Anders ausgedrückt: Amazon sei kein relevanter Konkurrent von Google Shopping, eBay, Zalando und dergleichen auch nicht. Konkurrenten zu den Google-Shopping-Anzeigen seien nur die reinen Preisvergleichsdienste wie idealo.de, biliger.de und andere. Zwar könne man auch bei Amazon und eBay Preise vergleichen, aber man könne darüber hinaus auch direkt dort einkaufen. Weil dies aber bei Google Shopping nicht gehe, sei Amazon für die Verbraucher kein Substitut für Google Shopping. Anders ausgedrückt, nimmt die Kommission an, dass die Verbraucher nicht zwischen Amazon, eBay und Google entscheiden, wenn sie anfangen nach Produkten wie Turnschuhen oder Digitalkameras zu suchen, sondern einzig und allein bei Google und Preisvergleichsdiensten suchen, während Amazon, eBay, Zalando und andere Internethändler und Marktplätze für die Produktsuche irrelevant seien.

Diese recht kühne Annahme beruht jedoch nicht auf einer Untersuchung des tatsächlichen Verbraucherverhaltens, sondern allein auf der Beobachtung, dass man bei Google Shopping – weil dies ja Anzeigen sind – nicht selbst einkaufen kann, bei Amazon aber eben schon. Wäre Amazon nämlich Teil desselben Marktes, würde die Theorie, dass Google den Markt monopolisiert, wie ein Kartenhaus zusammenstürzen. Die

Sichtweise der Kommission impliziert im Übrigen auch, dass die Marktabgrenzung der Kommission sofort zusammenbricht, sollte Google noch weiter aufrüsten und – so wie Amazon – »One Click Shopping« anbieten. Dann wäre Google Shopping nämlich plötzlich ein Konkurrent von Amazon, der es heute angeblich nicht ist. Die Analyse kommt einem so vor, als würde die Behörde argumentieren, Geschäfte, die neben Einkaufsmöglichkeiten auch eigene Parkmöglichkeiten anbieten, stünden überhaupt nicht in Konkurrenz zu Geschäften, bei denen ich in ein Parkhaus fahren muss, weil das Bündel aus »Shoppen + Parken« eben nicht dasselbe ist wie Shoppen im Geschäft und Parken im Parkhaus. Sicher mag das Geschäft mit Parkhaus einen Wettbewerbsvorteil haben, aber im Wettbewerb stehen beide doch. Übertragen hieße dies zudem, dass Amazon (weil es Produktsuche *und* Einkaufsmöglichkeit anbietet) einen Wettbewerbsvorteil gegenüber Google Shopping hat, weil ich dort eben nicht direkt kaufen kann, sondern nur auf die Seite des Händlers weitergeleitet werde.

Frage ich etwa meine Studierenden, wo sie ihre letzten Interneteinkäufe getätigt haben und wie sie die Suche nach dem Produkt, das sie dann gekauft haben, begonnen haben, so berichtet die große Mehrheit, dass sie direkt bei Amazon, Zalando oder auch direkt beim Hersteller angefangen haben, nach den Produkten zu suchen. Nur wenige beginnen die Produktsuche bei Google – und noch weniger klicken dann auch auf die Google-Shopping-Anzeigen. Die bedeutendste (und aus Sicht vieler meiner Studenten auch bessere) Alternative zu Google Shopping ist damit Amazon, dies ist der wichtigste Konkurrent. Amazon und eBay komplett aus der Wettbewerbsanalyse auszublenden – so wie die

Europäische Kommission es getan hat –, ist somit mindestens gewagt. Dies auch noch, ohne eine tiefgehende Studie des Verbraucherverhaltens zu tun, ist geradezu fahrlässig und wenig überzeugend.

Die Kommission ignoriert ebenso, dass die Anzeigen bei Google Shopping klar als Anzeigen gekennzeichnet sind und Google selbst sogar auf der Seite schreibt, dass es von den Firmen für die Anzeigen bezahlt wird – viel transparenter übrigens, als dies bei manch anderen Preisvergleichsseiten der Fall ist. Ob Verbraucher daher erwarten, dass Google Shopping eine allumfassende und neutrale Preisvergleichsseite sei, ist zumindest anzuzweifeln. Zumindest suggeriert Google selbst nicht, dass Google Shopping eine neutrale Meta-Suchmaschine sei. Selbst wenn Werbeplattformen und Meta-Suchmaschinen als Substitute betrachtet werden sollten, wäre dies durch eine Studie des tatsächlichen Verbraucherverhaltens zu belegen und nicht einfach anzunehmen.

Ganz ähnlich geht die Kommission davon aus, dass Bing und Yahoo die einzigen Wettbewerber auf dem Markt für allgemeine Suchanfragen seien. Das Problem ist nur: Nutzer haben meist spezielle Fragen oder Informationsbedürfnisse und keine »allgemeinen Suchanfragen«. Verbraucher suchen nach Informationen über das Wetter, Börsenkurse, TV-Programme, Restaurants, Hotels, Politiker, Bücher und auch Turnschuhe, DVD-Player und andere Produkte, die bei Google Shopping gesucht und beworben werden. Für jede dieser speziellen Suchanfragen gibt es jedoch Alternativen zu Google: Bücher kann man bei Amazon, weltbild.de, buch.de oder bol.de finden, Restaurants bei Foursquare, Yelp oder im Gault Millau, Hotels bei HRS, Politiker bei Wikipedia oder *Spiegel*

Online, das Wetter bei wetter.com, Börsenkurse bei der Onlinebank oder bei finanzen.net und so weiter. Diese Alternativen werden ebenfalls von der Kommission ausgeblendet. Gibt es überhaupt einen Markt für allgemeine Suchen, wie die Kommission unterstellt, oder gibt es nicht viele kleine Märkte für spezialisierte Suchen? So wie auch die traditionellen Kaufhäuser (fast) alles anbieten, lässt sich auch bei Google eben alles finden. Darauf zu schließen, dass Google nicht in Konkurrenz zu spezialisierten Plattformen stünde, wäre dasselbe wie die These, dass Kaufhäuser nicht in Konkurrenz stehen zu spezialisierteren Händlern, die nicht alles anbieten. Diese These wäre mindestens gewagt.

Betrachtet man exemplarisch die Suche nach Büchern, so dürfte Amazon die größte Buchsuchmaschine der Welt sein und im Bereich der Buchsuche marktbeherrschend sein. Wer sucht schon woanders online nach Büchern? Darf Amazon dann demnächst nicht mehr seine eigenen Bücher als erste Treffer angeben, sondern muss Amazon gleichberechtigt auf andere Buchhändler verweisen, so wie es nun von Google verlangt wird? Dies wäre offenkundig absurd und würde das Geschäftsmodell nachhaltig schädigen.

Ob das prominente Anzeigen von Google Shopping den Wettbewerb überhaupt mindert, ist ebenso unklar. Bedenkt man, dass Amazon und eBay den Onlinehandel lange Zeit stark dominiert haben und auch immer noch tun, so erscheint das Schaffen einer sehr sichtbaren Werbeplattform (wie eben Google Shopping) geradezu als wettbewerbsförderlich, um die Dominanz von Amazon und eBay zu durchbrechen, und keineswegs als wettbewerbsdämpfende Strategie. Die Strategie wäre vielmehr pro-kompetitiv.

Einige Wettbewerber Googles wünschen jedoch aus offensichtlichen Gründen eine Entflechtung des Unternehmens. Diese müsste wohl so aussehen, dass Google selbst keinerlei Inhalte mehr selbst produzieren darf. Bei einer hypothetischen Suchanfrage »Wetter Berlin« dürfte dann nicht mehr direkt die Wetterprognose für Berlin gezeigt werden, bei »Aktienkurs Siemens« nicht mehr direkt der Aktienkurs und bei Adressabfragen nicht mehr direkt eine Karte von Google Maps, sondern nur Links zu entsprechenden Webseiten, auf denen dann gesucht werden kann. Dass die Betreiber diverser Portale das gern so hätten, ist klar. Die Nachteile für die Nutzer sind jedoch ebenso offensichtlich.

Ein anderer Vorschlag besteht darin, dass Google seinen Suchalgorithmus bei einer - vermutlich europäischen - Regulierungsbehörde hinterlegt und jede Änderung dort anmeldet. Google nimmt rund 1000 Änderungen am Suchalgorithmus pro Jahr vor. Wenn diese Änderungen zukünftig von einer europäischen Regulierungsbehörde (und entsprechend auch einer amerikanischen, chinesischen, indischen, japanischen, australischen oder jeder weiteren) genehmigt werden müssen, wird die Dynamik der Weiterentwicklung des Suchalgorithmus völlig erlahmen, Innovation und Fortschritt gebremst. In diesem Kontext sei auch darauf hingewiesen, dass es faktisch nicht möglich ist, ein objektives Kriterium für Neutralität in Bezug auf Suchergebnisse zu definieren, da die Trefferlisten eine Einschätzung darüber sind, was der Sucher wohl genau finden möchte, und somit »Meinungen« darstellen, die Listung und ihre Reihenfolge somit von der Meinungsfreiheit gedeckt sein können. Ein staatliches Intervenieren berührt also womöglich auch die verfassungsrechtlich geschützte Meinungsfreiheit, die auch für Unternehmen gilt.

Dass eine Entflechtung und auch eine sektorspezifische Regulierung keine adäquaten Abhilfen gegen potenzielle Probleme darstellen, soll nicht bedeuten, dass Google keinerlei Marktmacht hätte und nicht auch Anreize, diese zu nutzen. Es ist klar, dass das Sammeln und Kombinieren von großen Datenbeständen Probleme schaffen kann: zum einen das der Marktmacht, zum anderen die eher gesellschaftliche Frage der (mangelnden) informationellen Selbstbestimmung. Um das Problem der Marktmacht zu lösen, haben Wettbewerber neben einer Entflechtung und behördlichen Regulierung auch vorgeschlagen, dass Googles Datenbestände auch Wettbewerbern zur Verfügung gestellt werden. Dies würde das Problem der womöglich mangelnden informationellen Selbstbestimmung jedoch sogar noch weiter verschärfen. Bedenkenswert ist jedoch der im August 2018 von Andrea Nahles in die deutsche Diskussion eingebrachte Vorschlag, marktbeherrschende Unternehmen dazu zu verpflichten, einen Teil – also keineswegs alle – ihrer Nutzerdaten in anonymisierter Form für Wettbewerber verfügbar zu machen. Dieser Vorschlag setzt am Kern des Wettbewerbsproblems an und ist durchaus überlegenswert.

Um zudem das Problem der mangelnden informationellen Selbstbestimmung zu adressieren, sind zwei Dinge denkbar: Zum einen sind die Möglichkeiten für Nutzer, ihre Daten löschen zu lassen, zu überprüfen, zum anderen gegebenenfalls die Transparenz zu erhöhen, damit Nutzer wirklich verstehen, in welche Nutzung ihrer Daten sie einwilligen. Diese letzten beiden Punkte sind jedoch keine wettbewerbsökonomischen

Probleme, die durch eine Entflechtung oder eine behördliche Kontrolle von Suchalgorithmen in irgendeiner Form adressiert werden würden. Vor allem ist davon auszugehen, dass manche Nutzer durchaus in die Nutzung ihrer Daten einwilligen würden, um »maßgeschneiderte« Dienste zu erhalten, während andere Nutzer dies nicht tun würden.

Eine ähnlich kritische Analyse ließe sich auch für die Entscheidung der Europäischen Kommission im zweiten Google-Verfahren in Bezug auf das mobile Betriebssystem Android anbringen, in dem die Kommission im Juli 2018 mit 4,3 Milliarden Euro ein noch höheres Bußgeld verhängt hat. Hier geht es um die Praxis von Google, die kostenlose Lizenzierung von Android an Smartphone-Hersteller mit der Auflage zu versehen, diverse Google-Apps vorzuinstallieren. Würde Google wie Apple überhaupt keine Lizenzen an Dritte vergeben, würde aus Sicht der Europäischen Kommission der Wettbewerb besser funktionieren. Die kostenlose Lizenzierung mit der Verpflichtung zu koppeln, bei der unentgeltlichen Nutzung dann wenigstens die Google Apps zu installieren, wird jedoch als gravierender Kartellrechtsverstoß gewertet.

Amazon

Stimmt es denn, dass Amazon der Welt die Regeln diktiert, »nach denen Bücher gelesen, geschrieben und publiziert werden«, wie die *ZEIT* behauptet? Bin ich beim Verfassen dieses Buches von Amazon ferngesteuert, ohne es zu ahnen? Die These von der unsichtbaren, von Daten und Algorithmen gelenkten Fernsteuerung der Menschheit durch amerikanische Internetkonzerne erfreut sich nicht nur bei Doomsday-Propheten, sondern gerade auch in intellektuellen Kreisen einer hohen Beliebtheit und gilt als besonders reflektiert, während Kritiker dieser These (wie ich) entweder als hoffnungslos naiv oder aber gekauft gelten. Dennoch: Was ist dran an der These der *ZEIT?*

Zu den Fakten: Noch immer werden nicht einmal 20 Prozent der Bücher in Deutschland über den Onlinebuchhandel vertrieben, die weit überwiegende Mehrheit der Literatur wird durch den stationären Buchhandel (knapp 50 Prozent) oder die Verlage selbst (rund 21 Prozent) verkauft.[2] Natürlich wird sich dies aber ändern, wenn auch ziemlich langsam, da sich Lesegewohnheiten - wie Gewohnheiten überhaupt - oft nur langsam ändern. Der stationäre Buchhandel dürfte jedoch langfristig betrachtet deutlich schrumpfen, trotz Buchpreisbindung. Die Buchpreisbindung verhindert zwar den Preiswettbewerb mit dem Onlinehandel, nicht aber den Wettbewerb an sich. Der Wettbewerb im Buchhandel verlagert sich lediglich auf Parameter wie Beratung, Sortimentsbreite, Zahlungsmöglichkeiten, Verfügbarkeit, Lieferzeiten und andere. Bei den meisten dieser Parameter sind Onlinehändler wie Amazon nicht zu schlagen. Aufgrund von Big Data ist die Beratung fast zwangsläufig besser: Amazon weiß besser, was die Kunden wollen, als der durchschnittliche Buchhändler das selbst wissen kann. Die Sortimentsbreite ist online ohnehin kaum zu toppen. Für den stationären Handel sprechen heute vor allem noch die kurzen Lieferzeiten - man kann das Buch direkt mitnehmen. So ist es kein Wunder, dass gerade Amazon stark in Drohnen und moderne Logistik investiert und versucht, die Lieferzeiten zu verkürzen. Vor allem aber die zunehmende Verbreitung von E-Books wird dem stationären Buchhandel langfristig das Leben schwermachen, sodass diese vermutlich das Schicksal von Videotheken erleiden werden. Mit dem E-Book hat Amazon auch in der Lieferzeit eher noch einen Vorteil gegenüber dem stationären Handel. Nur wenige werden E-Books im stationären Buchhandel kaufen. Auch wenn es heute für viele noch ungewohnt ist, ein E-Book statt einem gedruckten Exemplar zu lesen, sind die Vorteile der E-Books langfristig deutlich: Daher wage ich die These, dass geringere Kosten bei Herstellung und Distribution (zudem ökologische Vorteile), ein Platzbedarf und ein Gewicht von (fast) null sowie neue Möglichkeiten wie einfache Querverweise (Links) dem E-Book langfristig (mit der möglichen Ausnahme von Bildbänden) zum Durchbruch verhelfen werden. Dies wird nicht heute und nicht morgen passieren, vielleicht noch nicht einmal übermorgen, aber langfristig werden E-Books das gedruckte Exemplar mehr und mehr ersetzen so wie es bereits bei wissenschaftlicher Literatur zu beobachten ist. Die Leser können dann im Grunde die gesamte Weltliteratur in der Jackentasche mit sich herumtragen.

In der Folge dürfte auch die Buchpreisbindung bald Makulatur sein, wenn Bücher in Zukunft nicht mehr verkauft werden, sondern nur noch Zugang zum E-Book geschaffen wird, so wie dies heute schon bei Netflix (für Filme) oder Spotify (für Musik) gängig ist. Statt einmaligen Kaufpreisen werden dann periodische Abonnementgebühren fällig. Denn Bücher bieten sich – vor allem in digitaler Form – ideal zum Teilen an. Ein E-Book ist im Grunde ohne weitere

Kosten mehrfach nutzbar, die Nutzung des Buches durch einen Nutzer verhindert nicht die parallele Nutzung durch einen zweiten Leser. Von daher ist die weitere Entwicklung zugangsbasierter Geschäftsmodelle wie im audiovisuellen Medienbereich (Netflix, Spotify) zumindest mittelfristig wahrscheinlich. Denn viele Leser sind ultimativ nicht an Büchern per se interessiert, sondern an deren Inhalten, also an Literatur, Kochrezepten, Reisetipps und so weiter.

Ist diese Entwicklung ein Drama? Für Nostalgiker sicherlich – nüchtern betrachtet jedoch nicht. Produktions- und Distributionskosten werden erheblich sinken und damit auch die Fixkosten der Buchproduktion (und auch der Verbrauch natürlicher Ressourcen und die Umweltbelastung). Der Zugang zu Literatur wird somit günstiger und für noch mehr Individuen erschwinglich. Bei sinkenden Kosten wird auch die Vorauswahl dessen, was gedruckt werden kann, durch die Verlage weniger wichtig. Im Grunde lassen sich auch alle Nischenprodukte – der sogenannte Rattenschwanz oder »Long Tail« – nun produzieren. Buchempfehlungen durch die Aufnahme eines Autors in ein Verlagsprogramm werden weniger wichtig. Die Signalwirkung durch die Aufnahme in ein Verlagsprogramm oder eine Edition (etwa Suhrkamp versus Bastei Lübbe) verliert tendenziell an Bedeutung, da zahlreiche Plattformen eine Unzahl von Rezensionen und Bewertungen anbieten.

Durch diese Entwicklung wird auch für die Verlage das Leben nicht einfacher. Welche Rolle spielen sie noch, wenn die Vorauswahl von Autoren und Werken sowie die Produktion und Distribution gedruckter Werke weniger bedeutsam werden? Der Zugang zu Literatur dürfte jedoch, wie gesagt, für viele Menschen erheblich günstiger werden. Und ebenso dürften mehr Autoren (der oben genannte »Long Tail«) Zugang zu Lesern finden – für die publizistische Vielfalt eher eine schöne Entwicklung. Das Verlagswesen wird jedoch tendenziell schrumpfen und an Bedeutung verlieren, während Literaturplattformen wie Amazon an Bedeutung gewinnen. Verlage werden mit innovativen Produkten und neuen Konzepten konkurrieren müssen, das »einfache« Drucken und Vertreiben von bekannten Bestsellerautoren dürfte immer schwieriger werden.

Wichtig wird es dann vor allem sein, Verbrauchern und Autoren den Wechsel der Anbieter weiter zu ermöglichen und gegebenenfalls auch regulatorisch für Interoperabilität zu sorgen. Dies gilt insbesondere, falls eine starke Konzentration zu beobachten sein wird. Denn Multihoming scheint hier bei den Lesern aufgrund der unterschiedlichen inkompatiblen Endgeräte weniger wahrscheinlich. Zugleich sind auch Exklusivvereinbarungen zwischen Plattformen und Autoren kritischer zu betrachten als die bisherige Exklusivvermarktung durch den jeweiligen Verlag. Die kartellrechtliche Aufsicht über marktbeherrschende Literaturplattformen wie Amazon wird somit tendenziell an Bedeutung gewinnen. Gleichwohl ist davon auszugehen, dass der Zugang zu Literatur günstiger wird und die publizistische Vielfalt im Literaturbetrieb aufgrund der sinkenden Herstellungs- und Distributionskosten zunehmen wird.

Natürlich ist Amazon heute aber viel mehr als ein Buchhändler. Auch in anderen Segmenten des Handels hat sich der Wettbewerb intensiviert, regelmäßig zum Vorteil der Verbraucher, die heute eine Vielzahl von Angeboten vergleichen und daraus wählen können. Für die Händler ist die Zunahme des Wettbewerbs immer unangenehm, für die Kunden jedoch ist ein intensiver Wettbewerb mit vielen Vorteilen verbunden.

Facebook, Twitter, Google und der Wandel der Medienlandschaft

Auch die Medienlandschaft hat sich durch die Digitalisierung erheblich verändert. Insbesondere in der Tagespresse ist es aus zweierlei Gründen zu einem erheblichen Einbruch der Erlöse gekommen. Zum einen ist das Anzeigengeschäft in zahlreichen Sparten in das Internet abgewandert, vor allem Stellenanzeigen, Immobilieninserate und Anzeigen für gebrauchte Kraftfahrzeuge. Allein Todesanzeigen scheinen der Presse aktuell noch zu bleiben, wenngleich auch hier schon Onlineangebote existieren. Der Komfort des Suchens, die fehlenden Platzbeschränkungen und die geringen Kosten sprechen dafür, dass die meisten Anzeigen auch im Internet bleiben werden.

Zugleich hat sich das Mediennutzungsverhalten geändert. In der Vergangenheit haben viele Leser die regionale Tageszeitung vor allem wegen der regionalen und lokalen Inhalte abonniert. Politik- und Wirtschaftsnachrichten sowie die Sportberichterstattung sowie Neuigkeiten aus aller Welt, das tägliche TV-Programm und die regionale Wetterprognose wurden im Bündel gleich mitgeliefert, auch wenn dieser Mehrwert nicht ausschlaggebend für den Kauf gewesen sein mag. Durch das Internet ist es nun zu einer

Entbündelung dieser Inhalte gekommen. Aktuelle Nachrichten, Wetterprognosen, Wirtschaftsnachrichten und Sportergebnisse erhalten die Leser im Internet unentgeltlich. Hier greift die Logik des Wettbewerbs bei hochgradig austauschbaren Produkten beziehungsweise Inhalten: Die Konkurrenz drückt den Preis auf die sogenannten Grenzkosten, also auf die Kosten, einen weiteren Nutzer zu bedienen, und diese zusätzlichen Kosten sind bei Informationsprodukten im Internet gleich null. Stattdessen versuchen viele Zeitungen, über die Vermarktung von Anzeigen Erlöse zu generieren.

Der Mehrwert der Politik- und Wirtschaftsnachrichten, der Sportberichterstattung sowie der Neuigkeiten aus aller Welt, des täglichen TV-Programms und der regionalen Wetterprognose in der Tageszeitung sind für die Leser drastisch gesunken. Für die Leser stellt sich daher nun die Frage, ob sich der Kauf der Tageszeitung allein aufgrund der Lokalnachrichten noch lohnt oder ob lieber darauf verzichtet wird. Somit sind auch die Erlöse auf dem Lesermarkt unter Druck, zumindest für die Zeitungen, die keine unverwechselbaren Inhalte haben, die es nicht gratis im Internet gibt. Zugleich wird durch die ungebremste Ausdehnung der öffentlich-rechtlichen Telemedienangebote der Presse das Leben auch abgabenfinanziert noch schwer gemacht.

Viele Presseerzeugnisse werden daher in der heutigen Form als Druckerzeugnisse verschwinden. Ist das tragisch? Für die Gesellschaft als Ganzes nicht unbedingt. Qualitätsjournalismus wird sich halten, denn es gibt keinen Grund, warum intelligente Menschen dafür nicht auch in Zukunft bezahlen würden. Individuen sind ultimativ nicht an Zeitungen interessiert, sondern an deren Inhalten. Die Markteintrittsbarrieren, um eigene Einsichten und Ansichten zu verbreiten, sind aber heute so niedrig wie nie zuvor. Die rezipierbare Meinungsvielfalt wird durch das Internet weiter drastisch zunehmen. Zugleich werden Falschmeldungen viel einfacher aufzuspüren sein als bisher, entsprechend steigt auch die Kontrolle der Medien durch die Öffentlichkeit.

Wettbewerbspolitisch bedeutet dies in der Tat, dass über die Pressefusionskontrolle etwas entspannter nachgedacht werden kann. Die bisher stets hochgehaltene Vermutung, dass es zu Markteintritten in beziehungsweise aus benachbarten Kreisen kommen könnte, um aus einem sogenannten Ein-Zeitungskreis einen Zwei-Zeitungskreis werden zu lassen, erscheint in einem schrumpfenden Markt ziemlich unwahrscheinlich.

Zu überdenken wäre in diesem Kontext aber auch die Rolle des öffentlich-rechtlichen Fernsehens. Traditionell wurde die Notwendigkeit des öffentlich-rechtlichen Rundfunks mit verschiedenen Marktversagenstheorien begründet, die heute nicht mehr anwendbar sind. Insbesondere die raschen technologischen Veränderungen der vergangenen Jahre lassen traditionelle Begründungen für ein so umfassendes öffentlich-rechtliches Rundfunkangebot auf wackeligen Beinen stehen. War die Zahl möglicher Fernsehkanäle früher technologisch begrenzt und damit auch die Möglichkeit der Erstellung eines umfangreichen und anspruchsvollen Fernsehprogramms, so besteht diese Beschränkung heute nicht mehr. Zudem sind die finanziellen Anforderungen zum Betreiben eines Fernsehkanals stark gesunken und heute relativ niedrig, sodass besonders hohe Eintrittskosten kaum noch als Argument für die Existenz eines öffentlich-rechtlichen

Rundfunkangebotes Gültigkeit besitzen. Zusätzlich schwächt die immer stärker werdende Nutzung des Internets als Hauptinformationsmedium die Sonderstellung der öffentlich-rechtlichen Rundfunkanstalten in der Sicherung der Meinungsvielfalt.

Neue technologische Möglichkeiten stellen heute ein äußerst umfangreiches Programmangebot bereit mit etwa 400 TV-Programmen in Deutschland, zahlreichen Video-on-Demand-Angeboten und neuen Kommunikationskanälen. Diese Angebotsvielfalt sorgt für eine Meinungsvielfalt, die insbesondere durch das Internet ein zuvor nicht da gewesenes Ausmaß erreicht.

Paradoxerweise hat das weitgehende Verschwinden früher womöglich einmal existierender Marktversagenstatbestände jedoch nicht zu einer Rückführung öffentlich-rechtlicher Programmangebote geführt, sondern – ganz im Gegenteil – zu einer noch weiteren Expansion und aktiven Verdrängung privater Inhalte, insbesondere im Internet. So können die öffentlich-rechtlichen Sender innerhalb des dualen Rundfunksystems mittlerweile ein beachtliches Produktionsvolumen mit 21 Fernsehkanälen, 63 Radiosendern sowie neuerdings auch eigenen Internetformaten aufweisen.

Dabei geht es keineswegs um die Ausweitung von Nachrichten sowie Informations- und Kulturangeboten, die sich als Anker in einer von »Fake News« heimgesuchten Welt rechtfertigen lassen, sondern um äußerst teure Sportrechte, banale Unterhaltung, Volksmusik und Ähnliches. Die These, dass im öffentlich-rechtlichen Rundfunk alles gezeigt werden muss, damit die Zuschauer auch bei den Nachrichten »kleben bleiben«, hat gerade im digitalen Zeitalter keine Glaubwürdigkeit mehr. Vielmehr stellen immer mehr Zuschauer ihren Medienkonsum aus ganz unterschiedlichen Quellen zusammen. Eine Konzentration auf die für das Funktionieren einer Demokratie wirklich wichtigen Inhalte wäre daher geboten. Die Monopolisierung der Fußballberichterstattung durch ARD und ZDF sowie ein ausuferndes öffentlich-rechtliches Unterhaltungsprogramm sind hingegen nicht wichtig, um die Meinungsvielfalt in Deutschland zu sichern.

Die stetige Expansion der öffentlich-rechtlichen Rundfunkanstalten hat dazu geführt, dass der öffentlich-rechtliche Rundfunk in Deutschland mittlerweile zu den größten und teuersten in der Welt gehört. Insbesondere die Gebührenhöhe muss unter Berücksichtigung der besonderen Kostenstrukturen von Rundfunksendern beurteilt werden, die eine deutliche Degression der Durchschnittskosten mit steigenden Zuschauerzahlen erwarten lassen: Bei gleicher Versorgungsqualität sollte der Finanzierungsbeitrag pro Haushalt oder Einwohner tendenziell mit der Bevölkerungszahl sinken, da auch die Durchschnittskosten pro Zuschauer sinken. Unter diesem Aspekt ist es besonders bemerkenswert, dass Deutschland als eines der bevölkerungsreichsten und recht dichtbesiedelten Länder eine Spitzenposition beim Rundfunkbeitrag einnimmt. Dies kann als Indikator für eine weit überdurchschnittliche Versorgung der Bevölkerung gewertet werden.

Zugleich wandelt sich die Mediennutzung der Bürgerinnen und Bürger erheblich. Insbesondere junge Menschen nutzen immer weniger klassische Medien wie Fernsehen, Radio und die gedruckte Zeitung, sondern immer mehr Onlinemedien. Damit wächst auch die Befürchtung, dass nicht mehr die klassischen Medien wie das Fernsehen und die Tageszeitung (redaktionell) auswählen, was verbreitet wird und was die Leute zu sehen und zu lesen bekommen. Vielmehr übernehmen andere Dienste, oft basierend auf Algorithmen, die Zusammenstellung der Beiträge. Dies ist nicht wenigen suspekt, aber im Grunde hat sich wenig geändert. So wie die *Tagesschau*, die *FAZ* und die *Rheinische Post* eine Auswahl der Nachrichten vornehmen und auch politisch kommentieren, so nehmen heute andere Aggregatoren und Vermittler zumindest die Funktion der Nachrichtenauswahl vor. Ein Unterschied liegt sicherlich darin, dass Facebook und Google die Auswahl basierend auf einer Auswertung der persönlichen Vorlieben tun. Aber letztlich ist auch dies gar nicht so ungewöhnlich, denn auch *FAZ*, *taz* und *BILD* treffen andere Auswahlen der Nachrichten, basierend auf den Präferenzen ihrer Leser. Was für den typischen *taz*-Leser nicht hinreichend interessant zu sein scheint, dürfte dort auch ebenso wenig berichtet werden wie *FAZ*, *BILD*, *Handelsblatt* und andere geneigt sind, Meldungen, Interviews und Geschichten zu bringen, von denen sie vermuten, dass sie ihre Leserschaft langweilen oder gar verärgern.

Problematisiert werden in diesem Kontext vor allem die sogenannten Filterblasen, also die fehlende Wahrnehmung alternativer Interpretationen der Realität. Es ist allerdings völlig unklar, ob das Phänomen dieser einseitigen Orientierung durch das Internet zugenommen hat, wie oft suggeriert wird, oder aber ob es nur besser sichtbar und auch messbar geworden ist als früher. Auch in der Vergangenheit haben die meisten Menschen nur eine (oftmals monopolistische) Tageszeitung oder die *BILD-Zeitung* gelesen, die eine Vorauswahl an Inhalten getroffen hat. Richtig ist aber, dass der Medienkonsum durch die Vielfalt der Angebote noch weniger steuer- und kontrollierbar ist als in der Vergangenheit.

Big Data und Preisbildung

Personalisierte Preise

Ganz andere gesellschaftliche Fragen ergeben sich aus der Möglichkeit, durch die Analyse von Kundendaten gezielte Preisdifferenzierung zu betreiben. Traditionell haben etwa im Supermarkt und im Kaufhaus die Kunden – in aller Regel – denselben Preis bezahlt, wenngleich auch über zeitlich begrenzte Sonderaktionen (»Super Samstag« oder Vergleichbares) sowie Coupons schon lange eine gewisse Preisdifferenzierung erfolgt. Beim Autokauf war die Preisdifferenzierung durch individuelle Preisverhandlungen immer schon der Standard, hier hängt und hing der tatsächlich gezahlte Preis auch stark vom Verhandlungsgeschick der Akteure ab. Im Supermarkt jedoch galt dies nicht, personalisierte Preise sind hier im Grunde, anders als etwa auf dem Basar, unbekannt.

Oftmals wird vermutet, dass insbesondere im Onlinebereich von einer Zunahme der intertemporalen Preisdifferenzierung (»dynamic pricing«) als auch einer stärker auf persönlichen Merkmalen (wie etwa der Such- und Kaufhistorie) beruhenden Preisdifferenzierung (»personalised pricing«) auszugehen ist.[3] Durch Big Data getrieben, würden bald allen Kunden maßgeschneiderte Preise abverlangt, bald könne das Lehrbuchideal der perfekten Preisdifferenzierung umgesetzt werden, bei der jeder Kunde genau das zahlt, was er gerade noch maximal zu zahlen bereit ist, so die Prognose. Jedoch scheint das Verhältnis von Spekulation und selbst unter Wissenschaftlern verfestigten urbanen Mythen einerseits[4] zu belastbaren empirischen Fakten andererseits bei diesem Thema fast gegen unendlich zu laufen, womöglich erste Anzeichen für eine postfaktische Wissenschaft.

Während die intertemporale Preisdifferenzierung (»dynamic pricing«) in der Tat zuzunehmen scheint, gibt es für eine Zunahme der personalisierten Preissetzung bisher kaum belastbare Evidenz. Eine Expertise für den Sachverständigenrat für Verbraucherfragen beim Bundesminister für Justiz und Verbraucherschutz zum Thema »Personalisierte Preisdifferenzierung im Onlinehandel« aus dem Jahr 2015 jedenfalls kam zu dem Ergebnis, dass lediglich bei hochpreisigen Pauschalreisen eine Differenzierung nach Nutzermerkmalen sowie nach Betriebssystem ersichtlich wurde. Für niedrigpreisige Pauschalreisen konnte dieser Unterschied ebenso wenig nachgewiesen werden wie für die anderen experimentell getesteten Branchen (Tourismusflugreise, Consumer Electronics, Sportartikel, Mode, Versicherungen, Spielwaren, Medien/Tonträger, Food/Pet Food, Drogerie, Gartenmöbel).

Gleichwohl wird von der Politik wie von Verbraucherschützern schon ein Verbot erwogen.

Warum aber findet sich online (noch) nicht mehr individuelle Preisdifferenzierung, wo doch Big Data Analytics dies nahelegen? Besagte Studie nennt drei Gründe: Erstens sei es ökonomisch betrachtet unwahrscheinlich, »dass Unternehmen kundenindividuelle Preise erfolgreich einsetzen können, und zwar aufgrund fehlender Professionalität im Pricing, fehlendem Wissen über Preisbereitschaften der Konsumenten und der Herausforderungen, die die Preisbildung über mehrere Vertriebskanäle und Preissuchmaschinen mit sich bringen«. Anders ausgedrückt, waren also trotz Big Data die Algorithmen im Jahr 2015 noch nicht so gut, dass die tatsächliche Zahlungsbereitschaft der Kunden ermittelt werden kann. Dies sollte sich aber bald ändern, wenn immer bessere Algorithmen entstehen. Zweitens könnten Verbraucher jedoch »über eigene Maßnahmen, angefangen bei Boykott über den Einsatz von Agenten bis hin zur Nutzung von manipulierten Daten, eine aus Unternehmenssicht erfolgreiche Umsetzung kundenindividueller Preise schwierig bis unmöglich machen«. Und drittens mache der Wettbewerb die Preisdifferenzierung schwierig, da »ein Abschöpfen individueller Preisbereitschaften bei geringen Suchkosten im Internet bei aktivem Suchverhalten der Konsumenten unmöglich« sei. Ein vierter Grund kann darin liegen, dass (zu) starke Preisdifferenzierungen von Kunden als unfair empfunden werden können und dies wiederum beim Unternehmen einen Reputationsschaden verursachen kann.

Eine experimentelle Studie aus den USA lässt das nicht unplausibel erscheinen. Wie die Studie ermittelt hat, ist für die Kunden die Preisdifferenzierung umso weniger akzeptabel, je größer die beobachtbare Streuung der Preise ist. Die Kaufwahrscheinlichkeit wird signifikant negativ beeinflusst. Die Studie belegt im Übrigen für die USA auch, dass Kunden keine allgemeine Aversion gegen Ungleichheit haben. Sie empfinden Preise nur dann als unfair, wenn sie selbst mehr als andere bezahlen sollen. Von zentraler Bedeutung sind die sogenannten Referenzpreise, von denen die Kunden bei ihrer Beurteilung der verlangten Preise ausgehen.

Für Deutschland haben der Kölner Marketingforscher Werner Reinartz und ich im Jahr 2017 ermittelt, dass eine personalisierte Preissetzung oftmals das Fairnessempfinden der Kunden stört und mit Reputationsschäden für die Unternehmen verbunden sein kann. Somit setzt auch das Fairnessempfinden der Verbraucher der Preisdifferenzierung Grenzen, auch wenn sie dadurch nicht unmöglich wird.

Während im Internet die Konkurrenz meistens wirklich nur »einen Klick entfernt« ist, gilt dies im stationären Handel weniger. Vor allem bei relativ geringwertigen Gütern des täglichen Bedarfs wie Lebensmittel und Drogerieartikel spielt der Onlinehandel noch eine sehr untergeordnete Rolle. Dies könnte aus verschiedenen Gründen auch durchaus so bleiben, da der noch immer vorhandene (wenn auch kleine) Lieferverzug und die mangelnde Bequemlichkeit der Lieferung (etwa aufgrund der Notwendigkeit, zu Hause zu sein), den Onlineeinkauf hier *relativ* unattraktiv machen (etwa im Vergleich zu dauerhaften Gütern, die nicht täglich genutzt werden). Es ist zu erwarten, dass auch in absehbarer Zukunft der größte Teil der Verbraucher Lebensmittel und Drogerieartikel weitgehend im stationären Handel erwerben wird.

Im stationären Lebensmitteleinzelhandel sind aktuell zwei interessante Tendenzen auszumachen: Zum einen werden zunehmend elektronische Preisschilder eingeführt, die – prinzipiell wie an Tankstellen – eine schnelle Preisänderung ohne hohe Transaktionskosten (»dynamic pricing«) ermöglichen. Zum anderen arbeiten diverse Unternehmen wie etwa Kaiser's Tengelmann (bis zur endgültigen Übernahme durch Edeka und Rewe), Penny, Rossmann und in der Schweiz Migros mit individualisierten Rabattcoupons, die den Kunden auf ihr Smartphone gesendet werden oder die sie nach Einlesen einer Kundenkarte, auf der die Einkaufshistorie gespeichert wird, durch Ausdruck am Automaten in der Filiale erhalten können (»personalised pricing«). In der Schweiz sollen etwa 80 Prozent der Kunden die Migros-Kundenkarte nutzen. Sind die Kunden jedoch erst einmal in einer Filiale, sind die Wechselkosten ungleich höher als beim Onlinehandel, sodass eine differenzierte, individualisierte Preisbildung sich einfacher durchsetzen lässt, auch weil der Preisvergleich so tendenziell schwieriger wird, da die Coupons vor Betreten der Filiale nicht abrufbar sind.

Perspektivisch ist denkbar, dass wir so in die Nähe individualisierter Preise kommen, auch wenn aktuell die entsprechenden Algorithmen die Kunden immer noch einer relativ überschaubaren Anzahl von Gruppen zuordnen dürften. Gleichwohl bedeutet dies, dass im Supermarkt oder in der Drogerie dann im Grunde ausschließlich Höchstpreise ausgezeichnet werden, die nur für diejenigen gelten, die keine Coupons besitzen. Studien zum Umgang mit privaten Daten zeigen zugleich, dass der Großteil der Individuen zwar vorgibt, dass Privatheit und Datenschutz einen hohen Wert für sie hätten, zugleich aber bereit ist, für (sehr) kleine Geldbeträge sehr viel über sich preiszugeben. Diese offenbar recht weit verbreitete Haltung wird auch als Privacy Paradox bezeichnet. Relevant ist dies, weil sich absehen lässt, dass – wenn etwa 80 Prozent der Schweizer die Migros-Kundenkarte nutzen – lediglich die 20 Prozent der Nichtnutzer die ausgezeichneten (Höchst-)Preise zahlen.

Dies hätte zum einen Implikationen für die Funktion des Wettbewerbs: Bisher wurden die etwas faulen und trägen Verbraucher (wie ich) indirekt durch die sogenannten Schnäppchenjäger geschützt. Weil Letztere nur bei günstigen Preisen kaufen, haben die etwas phlegmatischen Verbraucherinnen und Verbraucher indirekt davon profitiert. Zwar haben Einzelhändler durch temporäre Sonderangebote und Schlussverkäufe versucht, auch die Schnäppchenjäger anzuziehen, doch ging das aufgrund von Mitnahmeeffekten nur begrenzt. Dies könnte in Zukunft anders sein, wenn viele Kunden – ausgerüstet mit ihrer Kundenkarte, auf der die Einkaufshistorie gespeichert wird – maßgeschneiderte Rabattcoupons erhalten und damit auch individuelle Preise zahlen. Die Preisdifferenzierung zwischen Kundengruppen wird daher erheblich zunehmen.

Im Einzelhandel mit Elektronikprodukten oder auch Lebensmitteln mag das – rein ökonomisch gesehen – nicht tragisch sein. Ein gesamtwirtschaftlicher Wohlfahrtsverlust wird dadurch nicht direkt ausgelöst, es kommt lediglich zu einer Umverteilung, sowohl zwischen Herstellern und Verbrauchern als auch zwischen verschiedenen Typen von Verbrauchern (träge Konsumenten vs. »Schnäppchenjäger«).

Schwieriger wird die Beurteilung bei Versicherungen. Auch bei Autoversicherungen, deren Tarif hypothetisch an die freiwillige Übermittlung von Fahrdaten geknüpft wird, mag dies gesellschaftlich nicht nur akzeptabel sein, sondern sogar gewünschte Anreize zu einem vorsichtigen Fahren bieten. Wer vorsichtig fährt, zahlt dann zu Recht weniger. Dies wiederum erhöht die Anreize, vernünftig zu fahren, und dürfte die Effizienz der Marktergebnisse tendenziell eher steigern als schmälern.

Problematisch könnte es – zumindest theoretisch – bei Krankenversicherungen sein, die – mit Ausnahme der privaten Krankenversicherungen – dezidiert solidarisch angelegt sein sollen. Nehmen wir an, ein Versicherer bietet Rabatte für die Kunden an, die sich durch Armbänder, Uhren und sogenannte Wearables überwachen lassen. Leicht ist vorstellbar, dass es zu einer Sogwirkung kommt, an deren Ende 80 Prozent der Versicherten Rabatte bekommen und nur 20 Prozent nicht, weil sie entweder – elektronisch überwacht – zu wenig Sport treiben, zu wenig schlafen oder zu viel trinken oder weil sie nicht in die Überwachung einwilligen. In der Tat zeigen experimentelle Untersuchungen, dass lediglich 10 bis 20 Prozent der Probanden nicht bereit waren, ihre eigenen persönlichen Daten zu verkaufen beziehungsweise gegen einen geldwerten Vorteil preiszugeben. Die Studien belegen, dass eine solche Sogwirkung entstehen kann.

Auf Märkten für Krankenversicherungen etwa könnte dies schnell zu einer Entsolidarisierung führen, die bisher politisch gerade nicht erwünscht war. Die freiwillige Informationspreisgabe zu untersagen, berührt jedoch womöglich das Recht auf informationelle Selbstbestimmung – wieder läge dann ein schwieriger Balanceakt im Umgang mit individuellen Rechten vor uns.

Allerdings sollte dieses (theoretische) Problem auch nicht überstrapaziert werden. Durch die Pflicht der gesetzlichen Krankenversicherungen, jeden in die Grundversorgung aufzunehmen, gibt es keine Möglichkeit, schlechte Risiken ganz auszusortieren. Dies kann auch deswegen nicht gelingen, weil nicht nur eine Aufnahmepflicht besteht, sondern auch der Mindestleistungskatalog in der Grundversorgung regulatorisch vorgegeben wird. Insofern sind der Entsolidarisierung Grenzen gesetzt. Die Zusatzversicherungen oder privaten Krankenversicherungen, die sich diese Big Data getriebenen Möglichkeiten zunutze machen können und dies auch tun, sind wiederum ohnehin nicht vom Solidaritätsgedanken getragen, sondern ganz bewusst vom Solidaritätsprinzip ausgenommen, das eben nur für die Mindestabsicherung gilt.

Obwohl bisher die individualisierte Preisbildung kaum systematisch – jenseits anekdotischer Evidenz – zu beobachten ist, hat sich jüngst der Petitionsausschuss des Deutschen Bundestages dafür ausgesprochen, die individualisierte Preisgestaltung im Onlinehandel in den Fokus verbraucherrechtlicher Untersuchungen zu stellen.[5] Die praktische Relevanz des vermeintlichen Problems scheint jedoch deutlich überschätzt zu werden.

Dynamische Preisbildung

Wie bereits erwähnt, ist die dynamische Preisbildung von der personalisierten Preissetzung zu unterscheiden. Während zwar insbesondere die oben beschriebenen individuellen Preise im Fokus einiger Kritiker stehen, wird auch die dynamische Preisdifferenzierung, bei der Preise im Zeitablauf variieren, teilweise mit großer Skepsis betrachtet. Neben einzelnen Politikern haben sich insbesondere Verbraucherschützer, aber auch der Präsident des Bundeskartellamtes in der Vergangenheit kritisch zu dem Thema geäußert[6]. »Dynamische Preisbildung muss Verbraucherinnen und Verbrauchern nach klaren Regeln transparent dargestellt werden«, heißt es nun im Koalitionsvertrag. Was das genau impliziert, ist noch unklar. Klar ist aber, dass das Thema auf der politischen Agenda steht.

Ökonomisch betrachtet können differenzierte Preise nicht nur Vorteile für die Unternehmen, sondern auch auf der Konsumentenseite bringen. Schließlich kann ein höherer Preis für den einen Kunden gleichzeitig als »Rabatt« für den anderen interpretiert werden. Diese »Schizophrenie der Preisdiskriminierung« spiegelt sich auch in deren Bewertung durch den Kunden wider: Fragt man Kunden nach ihrer Meinung zur Preisdiskriminierung, stößt man in der Regel auf breite Ablehnung. Fragt man jedoch nach Schlussverkäufen und Rabattaktionen, dreht sich das Bild fast vollständig. Auch aufgrund dieser Ambivalenz stellt sich nun die Frage, ob Preisdifferenzierung insgesamt mehr schadet oder mehr nützt? Wäre es unter dem Strich gesamtgesellschaftlich vorteilhafter, Einheitspreise zu verlangen und somit Personen und Kaufsituationen nachhaltig gleich zu behandeln? Die ökonomische Theorie gibt darauf eine klare Antwort: Im Vergleich zu Einheitspreisen erzeugt die Preisdiskriminierung regelmäßig positive Wohlfahrtseffekte, und zwar zum einen für Unternehmen, zum anderen aber auch für einen Teil der Nachfrager. Einerseits können Unternehmen bei erfolgreicher Preisdifferenzierung höhere Margen bei zahlungskräftigen Kunden durchsetzen. Andererseits würden Unternehmen den Einheitspreis aus ökonomischen Überlegungen heraus in der Regel über der maximalen Zahlungsbereitschaft eines Teils der Konsumenten ansetzen, sodass dieses Segment vom Kauf ausgeschlossen wird. Dieser zweite Effekt induziert konsumentenseitig positive Wohlfahrtseffekte im Vergleich zu Einheitspreisen gerade für weniger zahlungskräftige oder -willige Nachfrager.

Trotz der potenziell positiven Auswirkungen differenzierter Preise für den Kunden bleiben häufig Vorbehalte gegenüber solchen Maßnahmen aufgrund ihrer mangelnden wahrgenommenen Fairness bestehen. Als unfair bewertete Praktiken können sich dabei schnell auf die Kundenloyalität und das Markenimage auswirken. Um genauer zu verstehen, welche Formen von Preisdiskriminierung als besonders (un-)fair bewertet werden, habe ich gemeinsam mit dem Kölner Institut für Handelsforschung (IFH) eine repräsentative Studie durchgeführt, in der wir vier Formen zuzüglich einer Situation der Differenzierung ohne ersichtlichen Grund untersucht haben.

Grundsätzlich lässt sich feststellen, dass Kunden differenzierte Preise fast durchweg als unfair empfinden. Im Gegensatz zu der amerikanischen Studie hat sich dies in unserer

Untersuchung selbst dann ergeben, wenn die betroffenen Kunden einen *niedrigeren* Preis gezahlt hätten, durch die Diskriminierung also bevorteilt worden wären. Zwar waren die Studienteilnehmer in diesem Fall mit dem von ihnen gezahlten Preis zufrieden, attribuierten diesen Vorteil jedoch eher dem Zufall. Dabei erkannten sie das unmittelbare Risiko, beim nächsten Kauf vor höheren Preisen nicht geschützt zu sein. Die fehlende Kontrolle darüber, auf welcher Seite des Preisunterschiedes man sich als Kunde wiederfindet, führt letztlich zu einem Gefühl der unfairen Preispraxis.

Darüber hinaus konnten wir erhebliche Unterschiede zwischen den verschiedenen Formen der Preisdifferenzierung identifizieren. Am fairsten wird eine Bevorteilung von Mitgliedern in einem Loyalitätsprogramm (Besitzer von Kundenkarten) wahrgenommen. Der Grund dafür ist, dass die Teilnahme an einem Loyalitätsprogramm über eine sogenannte Selbstselektion (»self selection«) herbeigeführt wird, das heißt, Kunden entscheiden eigenmächtig über ihre Mitgliedschaft. Somit hat der Kunde einen hohen Grad an Kontrolle. Je nach Ausgestaltung ist auch die klassisch dynamische Preisdifferenzierung für Konsumenten vergleichsweise weniger inakzeptabel – zumindest, wenn Preise nicht kurzfristig geändert werden. Unsere Studie gibt Hinweise darauf, dass es durchaus Unterschiede in der Bewertung und somit auch der Durchsetzungsfähigkeit von Maßnahmen der Preisdiskriminierung gibt. Für Unternehmen, die differenzierte Preise anwenden, ist es unabdingbar, die Folgen ihrer Preispraktiken für die langfristige Kundenbeziehung einzuschätzen und nach Möglichkeit relativ »faire« Mechanismen anzuwenden, um diese nicht zu beschädigen.

Vor dem Hintergrund dieser Erkenntnisse haben wir uns anschließend der Frage gewidmet, wie Preissetzung und -differenzierung in der Unternehmenspraxis ausgestaltet werden. Über einen Zeitraum von vier Wochen haben wir dazu Preise im stationären und digitalen Handel beobachtet. Erfasst wurden die Produktkategorien Parfüm, Schuhe und Consumer Electronics. Insgesamt konnten wir 3446 Preise stationärer Händler und 299.513 Onlinepreise analysieren.

Die Preisbeobachtungen ergaben, dass zwar erhebliche Unterschiede *zwischen* Händlern, also in der wettbewerbsbezogenen Preis*setzung,* jedoch wesentlich geringere *innerhalb* der betrachteten Händler existieren (das heißt unterschiedliche Preise in den Kanälen oder für verschiedene Zeitpunkte). Bei der Preis*diskriminierung* sind die Unternehmen folglich zurückhaltend. Zwar findet dynamisches Pricing statt, doch liegt die Bandbreite der Preisanpassungen deutlich hinter der Bandbreite der Preisschwankungen im Wettbewerb. So änderten fast 90 Prozent aller stationären Händler und 57 Prozent der Onlinehändler ihre Produktpreise kein einziges Mal in dem vierwöchigen Beobachtungszeitraum. Bei knapp 6 Prozent der Händler wurden Abweichungen der Preise von über 15 Prozent (bezogen auf den Durchschnittspreis) festgestellt, und nur sehr wenige passten Preise wirklich regelmäßig an. Demgegenüber stehen je nach Produktkategorie erhebliche Preisabweichungen zwischen Händlern (> 30 Prozent des Durchschnittspreises) in mehr als 20 Prozent aller Fälle. Kunden profitieren somit abhängig von der Produktkategorie eher von einer intensiven Preissuche, als dass sie durch mögliche dynamische Preisdiskriminierung potenziell benachteiligt werden.

Bezogen auf Kanalunterschiede (online vs. offline) zeigt sich, dass das Preisniveau im Internet überwiegend unter dem stationären Niveau liegt. So sind über die drei Kategorien hinweg 80 Prozent der produktspezifischen Durchschnittspreise online günstiger als stationär. Für Elektronikprodukte ist das Verhältnis, vermutlich aufgrund der ausgeprägten Preistransparenz und -sensitivität der Kunden, ausgewogener. Auch wird deutlich, dass viele Händler online und offline noch immer unterschiedliche Preise für dieselbe Leistung verlangen, wenn diese Unterschiede auch häufig nicht groß sind.

Zusammenfassend lässt sich feststellen, dass die technischen Möglichkeiten für den Einsatz differenzierter Preise und der hierdurch entstandene öffentliche Diskurs der unternehmerischen Praxis weit voraus sind. Grund ist nicht nur die mögliche Trägheit auf Unternehmensseite. Vielmehr sprechen kundenseitige Barrieren der Akzeptanz »unfairer« Preisdiskriminierung gegen eine flächendeckende Einführung bestimmter Diskriminierungsmechanismen.

Preisfindung durch Algorithmen und Kartellierung

Das dritte große Thema zur Preisfindung mithilfe von Big Data sind sogenannte Preisalgorithmen. Unternehmen verwenden zunehmend Preisanpassungssoftware, denn dynamische Preisanpassungsalgorithmen versprechen Händlern eine verbesserte, also gewinnsteigernde Preissetzung. Allerdings kann die Verwendung entsprechender Software auch wettbewerbliche Probleme mit sich bringen und damit auch kartellrechtliche Risiken für die Unternehmen.

Typischerweise sammelt eine Preisfindungssoftware diverse Markt- und Kundendaten (Konkurrenzpreise, Verbraucherverhalten, Saisoneinflüsse etc.) und empfiehlt dem Händler einen Preis oder legt diesen sogar selbst fest. Durch den Einsatz solcher Softwaretools kann es dann zu einer Kartellbildung kommen, wenn selbst lernende Algorithmen bei hinreichend vielen Händlern eingesetzt werden und diese lernen, dass Kartellpreise die höchsten Gewinne bringen.

Ein erster Fall der Kartellierung mithilfe von Algorithmen ist in den USA vor Gericht (»USA vs. Topkins«) behandelt worden, wenngleich der Mechanismus wesentlich plumper war als der oben vermutete Lernalgorithmus. Wie das amerikanische Department of Justice (DOJ) und die britische Competition and Markets Authority (CMA) ermittelt haben, hatten sich mehrere Händler von Postern zunächst über ein bestimmtes Preisniveau für ihre Produkte bei Amazon Marketplace verständigt. Die Einhaltung dieses Preisniveaus wurde anschließend durch eine Programmierung einer allgemein erhältlichen Preisanpassungssoftware erreicht.[7]

Kartellrechtlich schwieriger wird es jedoch, wenn es gar nicht zu einem direkten Kontakt zwischen den Wettbewerbern kommt und der Kartellpreis allein auf der Nutzung von – gegebenenfalls sogar denselben – Preisanpassungsalgorithmen beruht.

Eine kartellrechtlich problematische Abstimmung muss nicht unbedingt direkt zwischen den konkurrierenden Unternehmen erfolgen, um einen Kartelleffekt zu erzeugen. Wenn etwa ein Dritter, der nicht unmittelbar im Wettbewerb mit den anderen Beteiligten steht, den Beteiligten einen Preisvorschlag unterbreitet und die betroffenen Anbieter wissen, dass ihre Wettbewerber den Preisvorschlag auch erhalten haben, ist dies kartellrechtlich heikel. Die 2016 ergangene »E-Turas«-Entscheidung (C-74/14) des Europäischen Gerichtshofs (EuGH) basiert auf genau einem solchen Fall. E-Turas ist der Betreiber eines Online-Reisebuchungssystems in Litauen. Angeschlossene Reisebüros bieten über eine einheitliche von E-Turas festgelegte Buchungsform Reisen über ihre Website an. E-Turas forderte angeschlossene Reisebüros über den systeminternen Messenger auf, den Rabatt für Onlinebuchungen auf höchstens 3 Prozent zu begrenzen. Den Reisebüros war es zwar theoretisch weiterhin möglich, ihren Kunden auch einen höheren Rabatt als 3 Prozent einzuräumen. Allerdings hätte dies zusätzlicher technischer Formalitäten bedurft. Faktisch räumten die beteiligten Reisebüros daher einen einheitlichen Rabattsatz von 3 Prozent ein. Der EuGH wertete dies als Verstoß gegen das Kartellverbot.

Die beiden bisher beschriebenen Fälle benötigen keine Big Data Analytics zur Kartellierung. Jedoch kann auch die bloße Nutzung von Preisanpassungssoftware kartellrechtlich problematisch sein, selbst bei jeglichem Fehlen direkter oder indirekter Kommunikation zwischen Wettbewerbern, da die Preisalgorithmen wettbewerblich sensible Informationen sammeln und für die Preissetzung verwerten. Bekommt die Software solche Informationen unmittelbar von einem ebenfalls angeschlossenen Wettbewerber, ist das in jedem Fall kartellrechtlich heikel. Aus ökonomischer Sicht können selbst das unilaterale Einsammeln der Preisdaten von Wettbewerbern und die Nutzung für die algorithmische Preisfindung problematisch sein, wenn dies zu kartellanalogen Preisen führt. Leicht vorstellbar ist, dass eine selbst lernende Software erkennt, dass Kartellpreise zu höheren Gewinnen führen als Wettbewerbspreise, sofern auch andere Händler Kartellpreise setzen. Gleichwohl gibt es bei dieser Art der automatisierten und womöglich sogar völlig unbewussten Abstimmung kartellrechtlich momentan kaum eine Eingriffsmöglichkeit, sodass für Verbraucher durchaus Risiken in der Preisbildung durch Algorithmen bestehen.

Die Sharing Economy: besseres Matching und mehr Vertrauen

In der Nutzung umfangreicher Daten können aber nicht nur Risiken, sondern vor allem auch große Vorteile für Verbraucher und Unternehmen liegen, indem neue Geschäftsmodelle entstehen. Zahlreiche Modelle der sogenannten Sharing Economy, für die Ridesharing-Dienste wie Lyft, Uber und BlaBlaCar, Carsharing-Angebote oder Vermittlungsplattformen für die kurze Überlassung von Privatwohnungen wie Airbnb oder Wimbu. Airbnb prominente Beispiele sind, basieren auf der intelligenten Nutzung von Daten.

Das Teilen von Ressourcen ist prinzipiell nichts Neues: Mitfahrzentralen, Wohngemeinschaften und Mitwohnzentralen sind schon immer der Idee gefolgt, Ressourcen und Fixkosten zu teilen. Vor dem Aufkommen professioneller Onlinevermittlungen war die Konkurrenz durch Mitfahr- und

Mitwohnzentralen für die Bahn und Taxis oder Hotels und Pensionen jedoch überschaubar, erst durch die Digitalisierung und die damit einhergehenden technischen Möglichkeiten ist das rasante Wachstum der sogenannten Sharing Economy ausgelöst worden.

Zwei Gründe sind dafür im Wesentlichen maßgeblich: Erstens reduziert das Internet die Suchkosten in ganz erheblicher Weise, das »Matching« von Anbietern und Nachfragern auch für kleine Transaktionen (wie eine kurze Stadtfahrt oder eine Übernachtung) wird durch Onlineplattformen wesentlich einfacher. Und zweitens löst das Internet das Problem fehlenden Vertrauens zwischen ehemals weitgehend anonymen Anbietern und Nachfragern. In der Vergangenheit war es aufgrund zahlreicher Informationsprobleme riskant, die eigene Wohnung Fremden zu überlassen oder diese im Auto mitzunehmen beziehungsweise bei diesen mitzufahren, sodass zahlreiche Transaktionen einfach unterblieben. Über Bewertungs- und Reputationsmechanismen kann die Anonymität des Marktes überwunden werden, indem Vertrauen durch Reputationsmechanismen induziert wird. Nicht zufällig ist etwa bei Uber oder Airbnb wie schon bei eBay das gegenseitige Bewerten nach einer Transaktion ein zentraler Punkt für das Funktionieren der Plattformen.

Da somit erstens die Suchkosten reduziert und das Matching von Anbietern und Nachfragern erheblich vereinfacht wird und zweitens die Problematik fehlenden Vertrauens überwunden werden kann, werden nun private Transaktionen realisiert, die in der Vergangenheit an ebendiesen Transaktionskosten regelmäßig gescheitert sind. Zwischen Unternehmen ist das Teilen von Ressourcen hingegen schon lange üblich. Das prominenteste Beispiel mag der Maschinenring in der Landwirtschaft sein, ein moderneres sind Cloud-Computing-Angebote.

Durch das vermehrte Teilen von Ressourcen zwischen Privatpersonen ergeben sich jedoch auch wirtschaftspolitisch bedeutsame Fragen: Werden etwa soziale Standards und gesetzliche Regulierungen umgangen und wird so ein unfairer Wettbewerb zwischen gewerblichen und privaten Anbietern von Autofahrten ausgelöst, der gewerbliche Anbieter künstlich benachteiligt? Ist die aktuelle Regulierung angesichts des technischen Fortschritts noch zeitgemäß und sachgerecht? Und: Was bedeuten die neuen Angebote für Verbraucher?

Ganz allgemein lässt sich prognostizieren, dass auf langfristigen Geschäftsbeziehungen oder aber auf Regulierung basierendes Vertrauen weniger wichtig wird, da über Datenauswertungen und Reputationssysteme Substitute bereitstehen, die auch einen kurzfristigen Aufbau von Vertrauen ermöglichen.

Das Teilen knapper Ressourcen, das so einfacher möglich wird, ist ökonomisch gesehen effizient, da die Ausnutzung von ansonsten ungenutzten Ressourcen so gesteigert werden kann. Hier liegen auch im sogenannten P2P-Bereich deutliche Effizienzpotenziale, die nicht zu leichtfertig durch eine zu strikte Regulierung vergeben werden sollten. Der Ansatz, mit Umsatzschwellen und Grenzwerten zu arbeiten, wie eben bei Minijobs oder im Umsatzsteuerrecht, erscheint hier vielversprechend. Sinnvoll erscheint eine Regulierung, bei der ab gewissen Schwellenwerten Anbieter als gewerblich eingestuft werden, solange sie nicht das Gegenteil belegen können, während umgekehrt Anbieter unterhalb dieser Schwellenwerte als private Anbieter gelten.

Die Stadt Amsterdam etwa hat mit Airbnb eine Vereinbarung getroffen, dass Vermieter nicht als gewerblich eingestuft werden, sofern sie ihre Wohnung an weniger als 60 Tagen im Jahr vermieten. Airbnb kümmert sich zugleich um die Erhebung der City Tax. Ähnliche Regulierungen wären auch für Ridesharing-Modelle wie Uber denkbar: Bietet jemand an weniger als X Tagen im Monat oder im Jahr seine Dienste an oder verdient jemand weniger als Y Euro, so könnte dies als nicht gewerbliche Tätigkeit klassifiziert werden, ähnlich wie dies implizit immer bei Mitfahrgelegenheiten der Fall war. Die Werte für X und/oder Y wären politisch zu diskutieren. Im Gegensatz zum Komplettverbot von Uber und Airbnb könnten so Effizienzpotenziale gehoben und sinnvolle Transaktionen ermöglicht werden. Der aktuelle Umgang mit den prominenten Diensten der Sharing Economy ist vielleicht symptomatisch für die Herangehensweise an die Digitalisierung in Deutschland. Was aber sind die Ursachen dafür, dass in Deutschland oftmals die Skepsis gegenüber der Digitalisierung überwiegt, während die Chancen nicht ergriffen werden?

Wieso hinkt Deutschland bei der Digitalisierung bloß so hinterher?

Wenn man die Fotos der deutschen Fußballnationalmannschaft in den Medien Ende Juni betrachtet hat, wusste man: So sehen Verlierer aus, leider. Vor vier Jahren waren dies Weltmeister – Platz 1, die besten Fußballer der Welt. Jetzt ist die Nationalmannschaft Gruppenletzter der Vorrunde. Ein tiefer Fall, wie er wohl tiefer hätte nicht sein können. In der *FAZ* war zu lesen, dass die Zeit des Weltmeisters abgelaufen ist: »Erschütternd harmlos, ideenlos und vollkommen hilflos: So scheidet Deutschland aus.« Das ist eine Beschreibung, eine Charakterisierung – aber noch keine Ursachenforschung. Um ein klein wenig tiefer zu gehen, hilft ein Plattencover eines meiner Lieblingsmusiker, Fatboy Slim, auf dem er ein T-Shirt mit der Aufschrift trägt: »I'm number 1, why try harder?« Das kommt dem Kern des Problems etwas näher, denn es war ja nicht nur ein deutsches Problem: Bei den letzten fünf Fußball-Weltmeisterschaften sind vier Weltmeister in der Vorrunde ausgeschieden. Nur Brasilien bei der WM im eigenen Land nicht – aber vielleicht wären die Brasilianer im Nachhinein nach dem 1:7 im Halbfinale der WM 2014 auch lieber in der Vorrunde ausgeschieden. Wie auch immer: Die Performance der amtierenden Weltmeister war bei der folgenden WM nie ganz so gut.

Warum ist das relevant? Weil es Parallelen zur Digitalisierung gibt. Uns geht es in Deutschland momentan blendend: Wir haben Vollbeschäftigung in vielen Regionen; wenn überhaupt, haben wir Arbeitskräftemangel; Arbeitslosigkeit spielt praktisch keine Rolle; wir haben Geldwertstabilität. Es läuft im Großen und Ganzen gut, und es gibt wenig Grund zur Klage. Wir haben die schwarze Null – und so gilt: Die Leute sind mit der wirtschaftlichen Lage zufrieden. Wenn man zufrieden ist, kann einem das passieren, was der deutschen Mannschaft passiert ist. Man kann dann auch sehr schnell stürzen. Als Volkswirtschaft vielleicht nicht ganz so schnell wie im Fußball. Aber die Sorge besteht, dass wir abstürzen können, wenn wir uns jetzt nicht auf die Trends und Herausforderungen der Zukunft vorbereiten.

Im Koalitionsvertrag wurde das in gewisser Weise erkannt. Das Wort Digitalisierung steht dort – wenn ich richtig gezählt habe – 189 Mal: Digitalagenda, Digitalisierung oder sonst eine Kombination mit der Spezifizierung »digital«. Der Beginn ist optimistisch, es geht um die Chancen der Digitalisierung. Wir müssen die Potenziale mobilisieren und die Digitalisierung so gestalten, dass – so das Versprechen des Koalitionsvertrages – *alle* davon profitieren. In dieser Absolutheit wird das natürlich nicht funktionieren, dass eine echte Pareto-Verbesserung – so sagt der Ökonom, wenn wirklich ausnahmslos *alle* profitieren – realisiert wird. Wenn das ginge, hätte es sie schon gegeben. Es wird auch Leute geben, die nicht von der Digitalisierung profitieren. Das sind insbesondere auch diejenigen, deren Geschäftsmodelle durch neue Geschäftsmodelle abgelöst werden.

Wie geht es weiter im Koalitionsvertrag? Chronologisch folgen die Förderung des Gigabit-Netzausbaus sowie die digitale Verwaltung. Das sind die ersten beiden angekündigten Maßnahmen im Koalitionsvertrag, die sich auch gut erklären lassen. Warum? Die Gigabit-Netze tun keinem weh. Schnelles Internet ist eine der wenigen Infrastrukturen, gegen die niemand protestiert. Fast niemand will das nicht. Fast jeder findet das gut. Das gilt auch für die digitale Verwaltung. Das Thema ist zwar schon ein bisschen schwieriger, aber tendenziell wird man die Zustimmung der Bürger erhalten, wenn sie nicht mehr zur Kfz-Zulassungsstelle laufen und sich in die lange Schlange einreihen müssen. Die Einzigen, die möglicherweise nicht zustimmen, sind die Leute in der Verwaltung selbst, die weniger begeistert sein werden. Aber tendenziell stößt dies auf große Popularität.

Richtige Prioritätensetzung?

Auf weniger Popularität stoßen dagegen Maßnahmen, die zu sektoralen Verschiebungen führen und den Strukturwandel induzieren, den wir aber brauchen, wenn wir vorne dabeibleiben wollen. Wir wollen starke deutsche und europäische Akteure in der Plattformökonomie, die momentan noch fehlen, und deswegen versuchen wir, sie irgendwie zu kreieren. Ist diese Reihung die richtige Prioritätensetzung? Wie dringend ist der Ausbau des schnellen Internets? Den Statistiken der Europäischen Kommission zufolge steht Deutschland einerseits nicht blendend, andererseits aber auch nicht wirklich schlecht da. Die Europäische Kommission misst schnelles Internet mit 30 Mbit pro Sekunde; das Bundesministerium für Verkehr und Digitale Infrastruktur benutzt als untere Grenze 50 Mbit pro Sekunde, wahrscheinlich sollten es in fünf Jahren 100 Mbit sein. Deutschland ist den europäischen Statistiken zufolge im Mittelfeld, nämlich auf Platz 15 – wir führen sozusagen die untere Tabellenhälfte an. Man kann den Schluss teilen, dass das nicht zufriedenstellend ist und durchaus mehr zu erwarten wäre, möglicherweise also mehr getan werden kann.

Aber ein Aspekt, der seltener benannt wird, ist die mangelnde Nachfrage. Beim Take-up sind wir tatsächlich noch schlechter, eben nicht mal auf Platz 15. Nur 36 Prozent von denen, die einen Breitbandanschluss haben könnten, wollen momentan auch einen bestellen. Die Nachfrage nach diesen Leitungen ist also aktuell nicht besonders ausgeprägt, zumindest nicht bei privaten Haushalten.

Warum wollen so viele Leute das offensichtlich nicht kaufen? Als Ökonom vermutet man, dass es wohl zu teuer sein wird. Aber wenn wir uns die Statistiken der Europäischen Kommission anschauen, die den Preis im Verhältnis zum verfügbaren Einkommen der Haushalte ermitteln, so sehen wir, dass es am Preis vermutlich nicht liegen wird. In

Deutschland ist es am viertgünstigsten; nicht in absoluten Preisen, aber in Relation zum verfügbaren Einkommen. Es kann also nicht daran liegen, dass die Leute sich das nicht leisten können, es muss etwas anderes sein. Und die Infrastrukturbedingungen sind auch nicht schlecht – sodass es nicht der Regulierung durch die Bundesnetzagentur angelastet werden kann.

Übersehen wird häufig, dass es nicht genug interessante Angebote gibt. Die Leute wissen nicht, warum sie sich das schnelle Internet zulegen sollen. Meine Vermutung ist, dass sich private Haushalte nur unter bestimmten Bedingungen schnelles Internet zulegen, zum Beispiel wenn Teenager im Haushalt wohnen. Dann werden nämlich Dienste wie Gaming und Netflix interessant. Netflix ist in Deutschland wiederum möglicherweise gar nicht so interessant, weil wir ja ein sehr auskömmlich finanziertes öffentlich-rechtliches weitgehend werbefreies Rundfunksystem mit 21 Sendern haben. Da stellt sich der Mehrwert von Netflix natürlich schon anders dar als in Staaten, in denen das öffentlich-rechtliche Angebot nicht so groß ist. Aber der mangelnde Take-up wird wohl auch nicht allein am öffentlich-rechtlichen Rundfunk und Netflix liegen.

Einschränkungen weiterer Dienste

Wir können verschiedene Bereiche durchdeklinieren und weiter fragen: Welche Internetdienste gibt es noch? Bei E-Health beispielsweise liegt Deutschland in der EU auf Platz 26, also noch weiter hinten. Das liegt zum Teil an sehr strikten Datenschutzvorschriften, man denke etwa an die Debatte um die elektronische Gesundheitskarte, bei der eigentlich enorme Effizienzpotenziale evident sind. Doch dies ist in Deutschland sehr schwer umzusetzen. Hinzu kommt die Struktur des Gemeinsamen Bundesausschusses (GBA), der bestimmt, was kassenärztlich abgerechnet werden kann. Er ist so strukturiert, dass er nicht besonders innovationsoffen ist, sondern so, dass die etablierten Leistungserbringer eher nicht durch neue Anbieter im Markt verdrängt werden. Wenn neue Angebote und Anbieter keine kassenärztliche Abrechnungsmöglichkeit bekommen, dann wird die Leistung eben auch nicht erbracht, denn der ganz große Teil der Deutschen ist in der Gesetzlichen Krankenversicherung (GKV) versichert.

Oder betrachten wir die Verbote in der Sharing Economy: Uber und Ridesharing will die Politik nicht, und Airbnb zumindest genau dann nicht, wenn die Nutzer das wollen. In Berlin ist es populär, deswegen will die Politik es dort nicht, in Gelsenkirchen wird es geduldet, weil es dort ohnehin keiner nutzt.

Rezeptpflichtige Medikamente will die Bundesregierung nicht im Onlinehandel haben und so weiter und so weiter. Die Liste lässt sich beliebig verlängern. Die Expertenkommission Forschung und Innovation spricht von einer Servicewüste in deutschen Amtsstuben, denn beim E-Government sind wir in Europa auch ganz hinten.

Jetzt soll durch die europäische Hintertür das schon erwähnte Leistungsschutzrecht für Presseverlage europaweit eingeführt werden, nachdem es in Deutschland zumindest in dem Sinne gescheitert ist, dass die großen Presseverlage kein Geld von den großen Internetplattformen, also Facebook, Twitter und Google bekommen. Dafür ist aber das Geschäft von kleinen News-Aggregatoren wie Rivva.de enorm schwierig geworden. Das Leistungsschutzrecht war also leider nicht wirkungslos, weil es in enormer Weise innovationshemmend war. Die Liste kann man Punkt für Punkt so weiter fortsetzen.

Diffuse Ängste

Was kommt bei dieser Politik heraus? Es fehlt in Deutschland an wirklich bedeutenden Internetfirmen, die großen Internetunternehmen sind allesamt nicht in Deutschland ansässig. Das ist nicht wirklich überraschend. Wenn jemand ein neues Geschäftsmodell entwickelt, das ein anderes existierendes Geschäftsmodell gefährdet, dann wird das neue Geschäftsmodell in Deutschland so schwierig wie möglich gemacht. Letztlich bleibt immer nur SAP als positives Beispiel, aber an das Beispiel SAP klammern wir uns seit dreißig Jahren. Seitdem ist nicht mehr viel passiert. Die Giganten sitzen inzwischen in den USA und Asien, aber nicht bei uns.

Was kommt noch dabei heraus? Ein illustratives Beispiel ist Google Street View. Wo gibt es den Dienst? Nicht in Weißrussland und nicht in der Ukraine, aber – vielleicht doch etwas überraschend – auch nicht in Deutschland und Österreich, weil wir eben doch besondere Befindlichkeiten haben. Vielen gefällt es nicht so richtig, wenn das eigene Wohnhaus für alle im Internet zu sehen ist. Wenn irgendein Mieter eines Hauses das nicht möchte, dann muss Google das Haus verpixeln. Google hat dann irgendwann entschieden, dass ein Dienst mit lauter verpixelten Häusern so uninteressant ist, dass Google es lieber gleich ganz seinlässt. Rund um uns herum in den Staaten der Welt gibt es also Google Street View, und es wird permanent aktualisiert. Wir hatten Street View eine Zeit lang noch in den großen deutschen Städten, aber mittlerweile sind das historische Bilder, die man da sehen kann. Google vermisst noch ab und zu die Straßen, aber es wird nichts mehr aktualisiert.

Nun mag man sagen: Egal, wir kommen auch ohne Street View klar – und das stimmt auch. Meine Befürchtung ist jedoch, dass dasselbe auch für Uber und Airbnb gilt, und auch für den Versandhandel mit rezeptpflichtigen Medikamenten und überhaupt für jedes neue Angebot: In Deutschlands Nachbarstaaten gibt es vieles davon, nur wir bleiben auf der Landkarte ein weißer Fleck. Natürlich kommen wir auch ohne diese Dienste aus – in jedem einzelnen Fall ist das unerheblich für die deutsche Volkswirtschaft. Aber im Aggregat besteht die Gefahr, dass am Ende nichts übrig bleibt. Warum ist das so? – Bei vielen Innovationen gibt es diffuse Ängste, sodass es heißt: Wir verstehen das nicht, das ist etwas Neues – also lehnen wir das besser ab.

Kollateralschaden durch demografischen Wandel

Inzwischen haben wir ein grundsätzliches Problem. Innovationen erzeugen immer Gewinner und Verlierer. Das ist bei Prozessinnovationen so: Kein Taxifahrer wird begeistert sein, wenn sich das autonome Fahren durchsetzt; und auch in Unternehmen werden die Personal- und Betriebsräte eine datengesteuerte Arbeitsplanung (und Überwachung) der Mitarbeiter nicht begrüßen, die mit den Innovationen zum Teil einhergeht. Und es ist auch bei Produktinnovationen so: Bessere Produkte verdrängen alte Produkte. Und natürlich: Wer ein altes Produkt anbietet, wird nicht dafür sein, dass ein neues Produkt auf den Markt kommt. Die etablierten Anbieter versuchen daher tendenziell, den Strukturwandel zu verhindern. Unterstützt wird dies durch eine asymmetrische politische Machtsituation: Die Newcomer existieren im Grunde nicht, es sind im Wesentlichen Start-ups, und die Vorteile sind Streugewinne bei den Verbrauchern, die schwer zu identifizieren und für jeden Einzelnen überschaubar sind. Diejenigen aber, die verlieren, sind gut identifizierbar. Die betroffenen Unternehmen wissen, dass ihr bisheriges Geschäftsmodell gefährdet ist. Also werden sie alle Hebel in Bewegung setzen, um das politisch zu unterbinden.

Der demografische Wandel erzeugt noch einen zusätzlichen Kollateralschaden. Es geht dabei nicht um die Rente oder die Entrepreneure, die heute nicht existieren, weil sie nicht geboren worden sind. Es geht darum, dass die Wählerschaft immer älter wird. Noch schlimmer: Während der Durchschnittswahlberechtigte immer älter wird, wird der tatsächliche Durchschnittswähler sogar noch älter, weil die

Wahlbeteiligung der jungen Wähler geringer ist. Das heißt: Als Politiker ist es nicht wirklich attraktiv, Politik speziell für Junge zu machen.

Wenn man zugleich der Hypothese folgt, dass man mit dem Alter eher ein bisschen konservativer wird und sich denkt: »Es ging doch auch so immer ganz gut; muss ich mir diesen ganzen neuen modischen Schnickschnack noch antun, oder komme ich nicht auch so ganz gut klar? Mein Buchhändler ist so nett, der Apotheker auch …«, dann werde ich aus dieser Überlegung vielleicht eher jemandem folgen, der mir verspricht, dass sich nicht so viel verändert. Überhaupt: Alles ist so schnell und unübersichtlich geworden, waren die guten alten Zeiten nicht auch ganz okay? Wenn ich so denke, dann unterstütze ich eher die Bedenkenträger aus den Feuilletons, die vor der Digitalisierung warnen, und die Politiker, die mir versprechen, dass sich Dinge nur langsam oder gar nicht ändern werden.

Dann stellt sich die Frage: Was mache ich nun als Politiker, wenn ich doch etwas Modernes für die Digitalisierung tun will? Antwort: Ich propagiere Maßnahmen, die keinem wehtun. Und was tut keinem weh? Der Breitbandausbau – auch wenn es möglicherweise gar nicht das Wichtigste ist, auch im letzten Winkel der Republik möglichst rasch schnelles Internet verfügbar zu machen, sondern wir eher die Entwicklung und Verbreitung von Inhalten und Diensten in Deutschland ermöglichen sollten.

Auch die europäischen Vorgaben helfen an dieser Stelle nicht immer. Die Auswirkungen der DSGVO etwa sind mindestens ambivalent. Ein großer Vorteil ist sicher, dass man sich nicht mit 28 unterschiedlichen Datenschutzgesetzen herumplagen muss, wenn man in Europa geschäftlich aktiv sein will. Eine Verordnung ist besser als 28 – beziehungsweise demnächst nur noch 27. Gleichwohl sind die Wirkungen ambivalent, weil kleine Unternehmen sich viel schwerer tun, damit umzugehen, als große Unternehmen, die das recht gut verarbeiten. Das ist im Grunde bei jeder Regulierung so. Es hat mich enorm beunruhigt, als Mark Zuckerberg im amerikanischen Kongress gesagt hat, er würde sich für die USA auch so etwas wie die europäische DSGVO wünschen. Denn das ist eher ein Alarmsignal und suggeriert, dass die DSGVO wahrscheinlich nicht gerade wettbewerbsfördernd ist!

Netzneutralität und Leistungsschutzrecht

Wir haben auch zu strikte Vorgaben bei der Netzneutralität. Stellen wir uns vor, ein kleiner Mobilfunkanbieter ohne Marktmacht oder auch United Internet würde folgende Dienstleistung anbieten: Alle WM-Spiele dürfen von ihren Kunden live gestreamt werden, ohne dass das auf das Datenvolumen angerechnet wird. Das wäre doch ein schöner Wettbewerbsvorstoß. Allerdings wäre ein solches Angebot nicht zulässig, denn es ist eine Verletzung der Netzneutralität nach europäischen Standards. Der Anbieter könnte auch nicht anbieten, das Pokémon-Go-Volumen nicht anzurechnen, denn auch das wäre eine Verletzung der Netzneutralität. Wir haben hier eine Regulierung, die nicht an Marktmacht ansetzt, so wie sonst bei Wettbewerbsregulierungen, sondern an der einfachen Erbringung eines Dienstes selbst durch kleinste Unternehmen.

Was heißt das konkret? Wenn ich als Netzbetreiber überlege, in neue Netze zu investieren, dann kann ich keinem der Content-Anbieter versprechen, dass er einen First-Class-Service kriegt. Ich kann ihm nur sagen, dass er genau dasselbe bekommt wie jeder andere auch. Wenn ich also Google, Amazon oder wen auch immer ermuntern will, sich an der Finanzierung der Netze zu beteiligen, dann habe ich leider kein attraktives Angebot parat. Also investieren diese Internetgiganten vehement in eigene Infrastrukturen, die ihre Marktmacht weiter stützen und letztlich faktisch dazu führen, dass sie doch auf bessere (eigene) Netzinfrastrukturen zugreifen können als kleine Anbieter, die solche Investitionen nicht stemmen können. Wir haben mit der sehr strikten Netzneutralität eine überbordende, wettbewerbshemmende Regulierung geschaffen aus lauter Angst vor hypothetischen Gefahren – und wir haben das nicht wie sonst bei Gefahr für den Wettbewerb an Tatbeständen wie Marktmacht, Marktbeherrschung oder an dem Vorliegen eines wettbewerbslosen Oligopols festgemacht. Stattdessen wurde eine Regulierung geschaffen, die flächendeckend für alle Unternehmen gilt, also völlig überbordend ist.

Und jetzt soll das Leistungsschutzrecht für Presseverlage in Europa dazukommen. Auch das wird sicherlich innovationsfeindlich sein, weil wiederum die kleinen Unternehmer am stärksten getroffen werden. Wir haben in Deutschland schon die Situation, dass keiner genau weiß, was genau Presse ist und was nicht mehr Presse ist, was also unter das Leistungsschutzrecht für Presseverlage fällt. Ich weiß natürlich, dass die *Frankfurter Allgemeine Zeitung* zur Presse gehört. Ich weiß aber nicht, ob irgendein Blog noch zur Presse gehört oder schon nicht mehr. Zumindest, wenn es ein Multi-Autoren-Blog ist, dann ist es vermutlich Presse – oder doch nicht? Das heißt: Die gleichen Probleme unbestimmter Rechtsbegriffe und innovationsfeindlicher Bestimmungen, die wir mit unserem Leistungsschutzrecht für Presseverlage in Deutschland schon haben, exportieren wir jetzt auf die europäische Ebene.

Für offene Märkte!

Eigentlich haben wir fantastische Chancen in der Digitalisierung: Neue Geschäftsmodelle, etwa im Bereich Gesundheit, haben enorme Effizienzpotenziale, von denen wir alle profitieren könnten. Aber die potenziellen Verlierer sind momentan viel lauter als die vielen kleinen Gewinner. In Kombination mit der Tatsache, dass politische Maßnahmen bisher nicht gebündelt in den politischen Prozess eingebracht werden, sondern jede Maßnahme einzeln und in Isolation betrachtet wird, führt dies dazu, dass sich letztendlich doch immer die Interessengruppen durchsetzen. Das hat die Europäische Kommission besser gemacht: Sie hat 2015 eine Strategie für einen digitalen Binnenmarkt für Europa vorgestellt, nach der 16 Punkte abgearbeitet werden. Wir aber haben uns in Deutschland im »Klein-Klein« verloren:

Hier das Leistungsschutzrecht, dort die Regelungen für Apotheken, E-Books, das Verbot von Sportwetten im Internet und vieles mehr – alles kleine Gesetze, die sich unter der allgemeinen Wahrnehmungsschwelle befinden und schnell von den entsprechenden Interessengruppen manipuliert werden können, also von den etablierten Anbietern, die bereits existieren, während die heute nicht existierenden Unternehmen sich naturgemäß nicht durchsetzen können.

Wie kommen wir da nun voran? Wir müssen Bündel politischer Maßnahmen schnüren, Pakete also. Wir müssen eine Agenda abarbeiten, sodass nicht Einzelmaßnahmen von speziellen Interessengruppen für ebendiese eingeführt werden können. Zudem müssen wir die entstandene und weiter entstehende Marktmacht der Internetgiganten wirksam beaufsichtigen – nicht aber, indem wir sie an weiteren Innovationen hindern, sondern indem wir Märkte offenhalten und es auch anderen ermöglichen, innovativ zu sein. Dazu kann es auch geboten sein, in bestimmten Fällen auch Wettbewerbern zu einem Teil der Nutzerdaten marktbeherrschender Anbieter Zugang in anonymisierter Form zu gewähren. Zugleich müssen aber die Rahmenbedingungen in Deutschland erheblich überarbeitet werden, damit kreative Geister nicht durch überbordende Regeln an Innovationen gehindert werden.

1 http://ana.blogs.com/maestros/2006/11/data_is_the_new.html.

2 https://www.boersenverein.de/de/portal/Presse/158382?presse_id=1321703

3 Anekdotische Evidenz dazu findet sich zuhauf in den Medien, vgl. nur beispielhaft: http://www.businessinsider.de/dynamic-pricing-so-sollen-amazon-and-co-bei-den-preisen-tricksen-2017-5, http://www.nw.de/nachrichten/wirtschaft/20908613_Warum-Kunden-online-unterschiedliche-Preise-zahlen.html, http://www.deutschlandfunk.de/personalisierte-preise-es-steht-zu-befuerchten-dass-kunden.697.de.html?dram:article_id=369405

4 Ein solcher Mythos scheint auch die immer wieder berichtete Story zu sein, dass die amerikanische Supermarktkette Target von der Schwangerschaft eines Teenagers wusste, bevor (a) ihre Familie (https://www.forbes.com/sites/kashmirhill/2012/02/16/how-target-figured-out-a-teen-girl-was-pregnant-before-her-father-did/#640192366668) davon wusste oder (b) sogar sie selbst (http://www.heute.at/digital/multimedia/story/Algorithmus-wusste--dass-16-Jaehrige-schwanger-ist-12917847). Vermutlich ist die Geschichte jedoch entweder frei erfunden oder aber maßlos übertrieben. Vgl. auch https://www.kdnuggets.com/2014/05/target-predict-teen-pregnancy-inside-story.html.

5 Vgl. https://www.bundestag.de/presse/hib/2018_01/-/537768.

6 Vgl. https://www.golem.de/news/kartellamt-mundt-kritisiert-individuelle-preise-im-onlinehandel-1707-128937.html.

7 Vgl. dazu https://www.justice.gov/atr/case-document/file/513586/download.

Letztes Abrufdatum sämtlicher Internetquellen: 15. August 2018.

Literatur

Alessandro Acquisti, Curtis R. Taylor, Liad Wagman, »The Economics of Privacy«, in: *Journal of Economic Literature* 52 (2016), H. 2., S. 442–492.

Ajay K. Agrawal, Joshua Gans, Avi Goldfarb, *Prediction Machines: The Simple Economics of Artificial Intelligence,* Boston 2018.

Johannes Bauer, Michael Latzer (Hrsg.), *Handbook on the Economics of the Internet,* Cheltenham 2016.

Erik Brynjolfsson, Andrew McAfee, *The Second Machine Age: Wie die nächste digitale Revolution unser aller Leben verändern wird,* Kulmbach 2014.

Bundeskartellamt, *Big Data und Wettbewerb,* Beitrag der Schriftenreihe zum Thema »Wettbewerb und Verbraucherschutz in der digitalen Wirtschaft« des Bundeskartellamtes (2017).

Cristiano Codagnone und Bertin Martens, »Scoping the Sharing Economy: Origins, Definitions, Impact and Regulatory Issues«, Institute for Prospective Technological Studies Digital Economy Working Paper 2016/01. JRC100369, Brüssel 2016.

Julian Dörr, Nils Goldschmidt, Frank Schorkopf (Hrsg.), *Share Economy: Institutionelle Grundlagen und gesellschaftspolitische Rahmenbedingungen,* Tübingen 2018.

Benjamin G. Edelman, Damien Geradin, »Efficiencies and Regulatory Shortcuts: How Should We Regulate Companies like Airbnb and Uber?«, in: *Stanford Technology Law Review* 19 (2016), S. 293–328.

Werner Eichhorst, Alexander Spermann, *Sharing Economy – Chancen, Risiken und Gestaltungsoptionen für den Arbeitsmarkt,* in: IZA Research Report No. 69, Bonn 2015.

Lisa Hamelmann, Justus Haucap, »Wettbewerb und Kartellrecht auf Online-Plattformmärkten«, in: *ORDO: Jahrbuch für die Ordnung von Wirtschaft und Gesellschaft* 67 (2016), S. 269–298.

Justus Haucap, Christiane Kehder, Ina Loebert, »Eine liberale Rundfunkordnung für die Zukunft« (2015), online unter: https://ideas.repec.org/p/zbw/diceop/79.html.

Justus Haucap und Ulrich Heimeshoff, »Google, Facebook, Amazon, eBay: Is the Internet Driving Competition or Market Monopolization?«, in: *International Economics and Economic Policy* 11 (2014), H. 1–2, S. 49–61.

Justus Haucap, Christiane Kehder, »Suchmaschinen zwischen Wettbewerb und Monopol: Der Fall Google«, in: Ralf Dewenter, Justus Haucap, Christiane Kehder (Hrsg.), *Wettbewerb und Regulierung in Medien, Politik und Märkten,* Baden-Baden 2013, S. 115–154.

Ulrich Immenga, Torsten Körber (Hrsg.), *Daten und Wettbewerb in der digitalen Ökonomie,* Baden-Baden 2017.

Kronberger Kreis, *Neue Diskriminierungsverbote für die digitale Welt?,* Berlin 2017.

Katharina Morik, Walter Krämer (Hrsg.), *Daten – wem gehören sie, wer speichert sie, wer darf auf sie zugreifen?,* Paderborn 2018.

Thomas Ramge, Viktor Mayer-Schönberger, *Das Digital: Markt, Wertschöpfung und Gerechtigkeit im Datenkapitalismus,* Berlin 2017.

Werner Reinartz, Justus Haucap, Nico Wiegand, Matthias Hunold, *Preisdifferenzierung und -dispersion im Handel, Ausgewählte Schriften der IFH-Förderer,* Bd. 6, Köln 2017.

Michael Schleusener, Sarah Hosell, *»Personalisierte Preisdifferenzierung im Onlinehandel«, Untersuchung und Ausarbeitung im Auftrag des Sachverständigenrats für Verbraucherfragen beim Bundesminister der Justiz und für Verbraucherschutz,* Berlin 2015.

Internetquellen
https://www.d-kart.de/the-google-case-first-comments/.
https://truthonthemarket.com/?s=google.
https://ec.europa.eu/digital-single-market/en/digital-scoreboard.

Ökonomien der Zukunft

Dieses Buch ist Teil eines multidisziplinären Diskurses zu den zentralen Fragen unserer Zeit.

Dabei konzentrieren sich unsere Publikationen auf jeweils ein Thema, das aus einer Box mit sieben Büchern besteht.

In sechs zugänglichen Essays geben unsere Autorinnen und Autoren Einblicke in ihre unterschiedlichen Perspektiven. In einem exklusiv der Themenbox hinzugefügten siebten Buch werden Kontroversen und Schnittstellen weitergedacht.

Stefan Klein	Die Ökonomie des Glücks
Mara Catherine Harvey	Women and Risk
Milosz Matuschek Philipp Mattheis	Kryptopia
Tobias Werron	Der globale Nationalismus
Winston Ma	Die digitale Seidenstraße: Chinas neue Wachstumsstory
Justus Haucap	Macht, Markt und Wettbewerb: Was steuert die Datenökonomie?
+ Perspektivwechsel	Die Essays zusammen betrachtet

Lektorat: Sebastian Guggolz
Gestaltung und Satz: Huelsenberg Studio, Berlin
Gesetzt aus der Suisse Works und Suisse Int'l
Druck und Bindung: GGP Media GmbH, Pößneck

nicolai-publishing.com
discuss@nicolai-publishing.com

Twitter / Instagram: @nicolaidiscuss

Dieses Buch ist auch als E-Book erhältlich.

Printed in Germany
ISBN 978-3-96476-022-7

Never, never rest contented with any circle of perspectives, but always be certain that a wider one is still possible.

Richard Jefferies